企业家成长启示录

QI YE JIA CHENG ZHANG QI SHI LU

艾柯卡

美国商业偶像第一人

孙鹏飞◎编著

中国社会出版社
国家一级出版社★全国百佳图书出版单位

《企业家成长启示录》编委会

写在前面的话

那是1800年，爱尔兰裔法国著名经济学家理查德·坎蒂隆著作了《商业性质概论》一书，他在该书中首次对“企业家”进行了定义，阐释企业家是专门承担风险的人。

后来，奥地利著名政治经济学家约瑟夫·熊彼特在所著《资本主义、社会主义与民主》中指出，企业家就是创新者，就是不断探索新的可能方案，不断寻找新的意义所在，不断发现新的实现自我的途径。按照他的定义，企业家的内涵和外延要广泛得多，不仅包括在交换经济中通常所称的生意人，也包括公司雇佣人员，例如经理、董事会成员等。

美国著名企业家克雷格·霍尔在所著《负责任的企业家》中指出，企业家是做实事的人，是冒险家，是风险承担者，他们对朋友、商界伙伴和社会是负责任的。也就是说，企业家不仅是社会革新者，更是社会责任与信用关系的维护者，并且致力于改进社会。

总之，“企业家是不断在经济结构内部进行‘革命突变’，对旧的生产方式进行‘创造性破坏’，实现经济要素创新组合的人。”他们创造物质财富，推动社会不断进步，使得人们更加幸福。财富虽然只是一个象征，但它与人们的生活、国家的发展、民族的强盛等息息相关。

企业家也创造巨大的精神财富，他们在追求财富过程中所表现出来的创新、冒险、合作、敬业、学习、执着、诚信和服务等精神，值得我们每一个人学习。这种企业家精神是这个特殊群体的共同特征，也是他们独特的个人素质、价值取向以及思维模式，是他们行动的理性超越和精神升华。

当然，企业家是在创造财富的实际行动中，在点点滴滴的事例中体现出伟大精神的。我们在追寻他们成长发展的历程时就会发现，虽然他们成长发展的背景各不相同，但他们在一生中所表现出的辛勤奋斗和顽强拼搏的精神，则是殊途同归的。

这正如美国著名思想家和文学家爱默生所说："伟大人物最明显的标志，就是他们拥有坚强的意志，不管环境怎样变化，他们的初衷与希望永远不会有丝毫的改变，他们永远会克服一切障碍，达到他们期望的目的。"同时，爱默生认为："所有伟大人物都是从艰苦中脱颖而出的。"

为此，我们特别推出了《企业家成长启示录》丛书，精选荟萃了现当代中外在钢铁、石油、汽车、船运、时装、娱乐、传媒、电脑、信息、商业、金融、投资等方面最具有代表性的企业家，主要以他们的成长历程和人生发展为线索，尽量避免冗长的说教性叙述，采用日常生活中富于启发的小故事来传达他们的精神。尤其着重表现他们所处时代的生活特征和他们建功立业的艰难过程。本套作品充满了精神的力量、创业的经验、经营的学问、管理的智慧以及财富的观念，相信我们广大读者一定会产生强烈的共鸣和巨大的启迪。

为了让广大读者更方便地了解和学习这些企业家，我们还增设了人物简介、经典故事、人物年谱和名人名言等相关内容，使本套作品更具可读性、指向性和知识性。为了更加形象地表现企业家的发展历程，我们还根据他们的成长线索，适当配图，使之图文并茂，形式新颖，以便更加适合读者阅读和收藏。

我们在编撰本套作品时，为了体现内容的系统性和资料的翔实性，参考和借鉴了国内外的大量资料和许多版本，在此向所有辛勤付出的人们表示衷心谢意。但仍难免出现挂一漏万或错误疏忽，恳请读者批评指正，以利于我们修正。我们相信广大读者通过阅读这些著名企业家的人生成长与成功故事，会更好地把握自我成长中的目标和关键点，直至开创自我的幸福人生！

人物简介

名人简介

李·艾柯卡（Lee Iacocca），1924 年出生于美国宾夕法尼亚州一个意大利裔家庭。是美国的汽车业奇才和著名企业家。

艾柯卡 22 岁以推销员的身份加入福特公司，25 岁成为地区销售经理，38 岁成为福特公司副总裁兼总经理，46 岁升为公司总裁。他在福特公司时创下了空前的汽车销售纪录，使公司获得了数十亿美元的利润，他从而成为汽车界的风云人物。

艾柯卡 54 岁时被福特二世解雇，同年他以总裁身份加入濒临破产的克莱斯勒公司，并把这家濒临倒闭的公司从危境中拯救出来，使之奇迹般地东山再起，使之成为全美第三大汽车公司。艾柯卡入职 6 年后，克莱斯勒公司不仅还清了政府贷款，还创下了 24 亿美元的盈利纪录，比此前 60 年利润总和还要多。

艾柯卡退休以后，他一直笔耕不辍，在 2007 年出版了他的第三本著作《领导人都到哪里去了》。他在书中狠批美国的领导危机，号召读者“把领导人找回来”，因此引起了很大轰动。

成就与贡献

多年来，艾柯卡一直提倡驾驶员使用安全带，并在 1956 年推出的汽车里增加了安全带装置。

1972 年，艾柯卡身为福特汽车公司的总经理，他亲自给 50 个州的州长写信，告诉他们福特公司拥护强制使用安全带的政策，并且呼吁州长们支持这一救命措施。在 20 多年后的美国，各个州均为使用

安全带而立法，使得汽车驾驶更加安全了。

艾柯卡把面临破产的克莱斯勒公司挽救了，使成千上万的工人保住了自己的工作，并上缴了几亿元的税金，还提高了美国汽车业在国际上的竞争力，为当时处于逆境的大批企业家树立了榜样，成了他们不断前进的动力。

地位与影响

艾柯卡的成就使他声名鹊起，他成为了美国家喻户晓的人物，特别是他那锲而不舍、转败为胜的奋斗精神使人们为之倾倒。他因此成为了美国人心目中的英雄，受到大家的敬仰和崇拜，也成为媒体和公众关注的焦点。

在 20 世纪 80 年代以及 90 年代初，艾柯卡成为美国商业偶像第一人。甚至连布什在竞选美国总统时都说，如果艾柯卡参选，唯有他是最强有力的竞争对手。

艾柯卡的用人之道在企业界得到广泛认同，引起企业家纷纷效仿。首先，艾柯卡善于了解部下的心理，并且注重针对他们的心理讲话；其次，他总是尽力鼓励部下提出实际的想法和建议。同时，他还十分注重维护下属的积极性。

艾柯卡在任福特公司总裁时，他的周围聚集了一大批优秀的管理人才。而当艾柯卡离开福特到克莱斯勒汽车公司任总经理时，这批优秀的管理人才又纷纷涌向克莱斯勒，他们放弃了福特的优厚待遇，而甘愿和艾柯卡一起冒风险。由此可见，艾柯卡在汽车界的号召力和影响力无人能敌。

艾柯卡在美国汽车业面临危机时提出了“共同牺牲”的理念，他把自己年薪减至一美元的做法在美国企业界没有先例，引起了巨大轰动。他说：“齐心协力可以移山填海，要想渡过难关，作为企业的领导，最重要的一点就是身先士卒。”

艾柯卡的行动不仅给克莱斯勒公司带来了生机，也使许多企业领导人学到了一种新的管理模式。

目录

艾柯卡

漫长的求学路

成为福特功臣

受聘克莱斯勒

用心做事的人

附 录

漫长的求学路

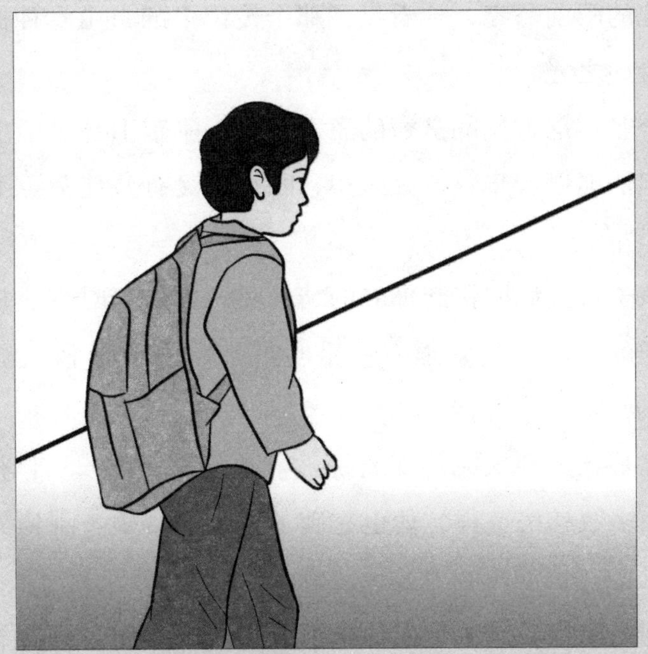

我家的经历才是我的启蒙之师。

——艾柯卡

出生在移民家庭

1902年的一天，一艘满载着乘客的客轮驶进了纽约港，在船舷密密麻麻的人群中挤着一个12岁的孩子，他和许多世界各地来美国的移民一样，盼望在这里过上富裕的生活。

忽然他的眼前一亮，他看见了那个传说中的自由女神像，那是无数移民的希望之光。

当这个名叫尼古拉的贫穷的意大利少年刚踏上这个陌生国度的土地时，他胆怯地挪着步，四处张望，既孤单又有些迷茫，不知应该走向哪里。

这个孩子长大后回忆起那时的情景时说，他当时唯一相信的事就是地球是圆的，因为他知道有一个叫哥伦布的意大利人刚好比他早410年到达美洲。

尼古拉是意大利坎帕尼亚省那波利市北边大约25千米的圣马可镇人。像大多数移民一样，他也充满了野心和希望。刚到美国时，他和他的继兄在宾州盖瑞城住过很短的一段时间。

他曾到一家煤矿做工，但他极不喜欢这个工作，只做了一天就辞职不干了。因为没有拿到工钱，他以后常说，这是他这辈子唯一替别人干活的一天。

时间不长他就去了宾州东部一个叫艾伦敦的小镇，在那里还有他的一个兄弟。从那以后他做过零工，但大部分时候做鞋匠。

他爱上了美国，而且竭尽全力追求“美国之梦”。

1914年，第一次世界大战爆发后，他志愿去当兵。这有爱国主义的成分，也有想掌握住自己命运的因素。他含辛茹苦来到美国，加入了美国籍，又很怕被送回欧洲。不过他很幸运，仍在家乡附近当兵。因为他会开车，让他训练急救车驾驶员。

1921 年，尼古拉已存了足够回圣马可去接他守寡的母亲的钱。结果在回来的时候这个 31 岁的单身汉还带来一个 16 岁的姑娘，那是一个意大利鞋匠的女儿，他们在意大利认识才几个星期就结婚了。

但不幸的是这个姑娘得了伤寒，大部分时间都躺在船上的医务室里。当船抵达艾利斯岛时，她的头发都掉光了。根据当时的法律，她患了伤寒是必须被遣返意大利的。

但尼古拉是个能言善辩、不轻易放弃的人，他已经学会了如何在美国生存，居然连哄带骗地说服了移民局官员，相信他的新娘子不过是晕船而已。

1924 年 10 月 15 日，在美国宾夕法尼亚州艾伦敦，尼古拉的儿子李·艾柯卡出生了，这是他的第二个孩子，第一个孩子是女孩，叫德尔玛。

这时尼古拉开起了一家热狗店。对一个手头没有多少钱的人而言，这是一个很好的生意。开张所需准备的仅是烤架、面包炉和几张板凳。

一家人虽然不是很富裕，但感到非常幸福，因为“全家 4 口人亲密无间，仿佛一个人的 4 个肢体一样”。尼古拉和妻子对艾柯卡和德尔玛很关心，尼古拉不管多忙都会找时间陪两个孩子玩，而他的妻子总会做孩子们最喜欢吃的东西。

尼古拉是一个闲不住的、喜欢琢磨的人，最容易接受新鲜事物。有一回，他买了几株无花果树回来，居然在艾伦敦那么严酷的气候下种活了。

他也是全镇第一个买摩托车的人。他买了一部老式哈雷摩托车，在小镇尘土飞扬的街道上开来开去。可惜这辆摩托车常常抛锚，他不得不卖掉，他从此再也不相信少于 4 个轮子的车了。

尼古拉很喜欢汽车。他拥有一辆最早期的福特 T 型车，是艾伦敦镇上少数几个会开汽车的人之一。他花不少时间摆弄车子，并且不断地想法子改进车子的性能。在那个时代，汽车常会爆胎，他一直在研究如何利用已经漏气的轮胎多跑几千米路。

尼古拉这一嗜好无疑也影响了儿子，他唯一的儿子艾柯卡后来的事业都与汽车有关。

童年经历大萧条

自从小艾柯卡出生以后，他家和许多美国人一样，日子相当不错。

艾柯卡的父母都很喜欢摄影，家里的照相簿上婴儿时期的艾柯卡手里抓着一枝银百合。从出生至6岁，艾柯卡穿的都是缎面的鞋子以及绣花边的外套。

除了经营餐馆之外，尼古拉在房地产上的投资也让他赚了不少钱。那几年他们家可以说是很富有，但突然间，随着美国经济大萧条的到来，他们一下子又变成了穷人，差点没有了栖身之所。

当时才六七岁的小艾柯卡问比他大一两岁的姐姐："我们是不是要搬家？我们还会不会有地方住？"

1931年，幼小的艾柯卡虽不懂得何为萧条，但也体会出情况有点不对劲，因为他的衣服开始显得破旧，他和姐姐也不再添置新衣服。

艾柯卡后来回忆道："那时我对未来的忧虑至今仍历历在目，坏日子的回忆永远如影随形，难以忘却。"

在这个家庭最困难的时期，艾柯卡的母亲表现出她的应变才能。她是典型的移民母亲，也是家里的脊梁骨。她总能让家里的每个人都能吃饱饭，一份5分钱的骨头汤也能成为这个家庭的一餐。大萧条更严重之后，她又到尼古拉的餐馆当帮手，她也去过一个制衬衫的工厂做工。她总是愉快地去做她的工作，从不发愁。

就像那个时代的许多家庭一样，对上帝坚定不移的信仰支持着他们。他们经常祷告，一家人每个星期日必须上教堂，每周或隔周领圣餐。

虽然隔了许多年艾柯卡才完全理解为什么在领圣餐之前他必须对神父忏悔，不仅要想想自己做了哪些对不起朋友的事，还得大声讲出来，但是10多岁的时候，他就多少能体会这个最被人误解的天主教仪式的重要。

稍后几年他发觉当他认罪之后，心灵便可以获得完全的洗涤。他甚至开始参加周末避静会，与其他信徒们面对面地坦白自己的思想，反省自己日常的生活。这种经常的内省过程，成为安抚他心灵的最佳方式。

尽管日子非常艰难，但他们还是尽量找乐趣。那时还没有电视，人们相互间的依赖关系更亲密。星期日从教堂回来后，尼古拉常常邀一帮人在一起，喝酒唱歌，自我娱乐。

在大萧条的艰难岁月中，尼古拉始终持乐观态度和坚定信念。每当事情一筹莫展时，他总是告诉艾柯卡："耐心等待，太阳总会出来的，一定会。"这给艾柯卡留下深刻的印象。

"后来我在大学学了经济学，在福特公司及克莱斯勒的时候，又学会了如何应付不景气。但我家的经历才是我的启蒙之师。"艾柯卡后来说。

就像许多意大利人一样，艾柯卡的双亲无论在家或在公共场合都毫不隐藏他们的感情。艾柯卡可以在任何可能的机会里拥抱和亲吻父亲，没有比这更自然的事了。但他的大部分朋友从不拥抱自己的父亲，以免在别人眼里显得软弱和不独立。

对尼古拉而言，经济大萧条，是一个极大的打击，几乎将他击倒。他辛辛苦苦奋斗了这么多年才积蓄了一笔财富，如今几乎一夜之间全付诸东流。

在艾柯卡很小的时候父亲就对他说："你应该上学去学'经济萧条'是什么意思。"

他自己只读完小学4年级。他说："如果早有人告诉我什么是经济萧条，我就不会把自己的生意一个一个地抵押出去了。"

父亲一再告诫他两件事：一是绝对不要做需要太多资本的生意，因为迟早银行会吃掉你。后来艾柯卡曾经还后悔没有太注意他这个教训。二是如果时势艰难、日子不好过的话就改行经营餐饮业，因为即使在困难时期，人也总是要吃饭的。他家的热狗店在经济大恐慌时期一直没关门，虽然生意并不怎么好。

事实上艾柯卡接触食品业比他沾上汽车业要早得多。他10岁的时候，艾伦敦开了一家国内最早期的超级市场。放学后及周末，他和一些小朋友都推着红色的手推车排队等在门口，好像出租车排列在旅馆门口一样。当购物者出来时，他们就替购物者们把大包小包的东西送回家，从而获得一点小费。

过了几年，他还在周末为一家希腊人开的水果零售店送过货。他一般黎明前即起床，到批发总站去把水果运回零售店。工作16个小时，老板付给他两美元，另外让他带回家满满一筐水果和蔬菜。

他这么小就不怕辛苦地出去赚钱，不知道是不是跟经历了那次长达4年的经济大萧条有关，也许当时的家庭境况确实给他幼小的心灵造成了极大的冲击，让他始终难忘。

遭受歧视的少年

艾柯卡以前根本不知道自己是个意大利人，直至上学后有同学叫他“意大利佬”。

他只知道他们来自某一个国家，但并不知道它的名字，也不知它在什么方位。他后来努力地在欧洲地图上寻找“意大利”这个地名。

在那些年月里，特别是在小镇里，他们很不愿意让别人知道自己是意大利人。艾伦敦的居民差不多都是荷兰人的后裔，艾柯卡小时候因为与众不同而受了不少欺辱。他有时和骂他的人打架，但总是记住父亲的警告：“如果对方比你高大就不要还手，用脑袋而不要用拳头。”

不幸的是，歧视意大利人的不仅是和艾柯卡年纪相仿的孩子，甚至有些老师也暗地里叫他“小意大利佬”。

对他的种族歧视在1933年6月13日，也就是艾柯卡小学三年级的时候，达到了顶峰。那时，经济大萧条已经逐渐过去，小镇的人们的日子又开始好起来。

6月13日是圣安东尼日。这天对艾柯卡一家来说，是个大日子。小艾柯卡的母亲名叫安东烈特，而小艾柯卡的中间名就是安东尼。每年的6月13日他们家都举行一个大宴会。

为了表示隆重，小艾柯卡的母亲总会烤意大利脆饼。也就是比萨饼。她来自比萨的发源地那波利市，可能是这个原因，她做的比萨饼是最好的，她拿手的那波利菜更是不一般。

那年，艾柯卡一家邀了亲朋好友，和以往一样准备了一大桶啤酒。虽然艾柯卡才9岁，但只要是在家里，并且在严格监督之下，也被获准喝几口。在家里喝酒是准许的，通常是家庭酿造的红酒，这也是他们生活的一部分，但必须有节制。或许这就是艾柯卡在高中及大学时从不沉迷饮酒的原因。

当时的比萨饼在美国没有名气，如今它已经和汉堡包、炸鸡一样，成为美国人最喜爱的食物之一了。那时除了意大利人外，没人知道什么是比萨饼。

第二天上午，艾柯卡开始向同班的小孩吹嘘：“昨晚我家举行了一个大宴会。”

“真的？什么样的宴会？”

“比萨饼宴会。”艾柯卡回答。

“比萨饼宴会？那是什么东西，听起来怎么那么土里土气！”

同学们哄堂大笑。

艾柯卡说：“你们不是都喜欢吃馅饼吗？比萨饼是一种馅饼，它是番茄做的。”

他实在应该早些闭口才对，这下子他们可抓到把柄了。他们完全不知道比萨饼是什么，但他们认为只要是意大利人的东西，就一定不是好东西。多亏“比萨饼事件”发生在学期快终了的时候，过了一个暑假大家就把它忘了。

艾柯卡却永远忘不了当时被羞辱时的情景，心里愤恨地想：“你们这些家伙是吃松软的馅饼长大的，我可从来没有讥笑过你们早餐吃蜜糖馅饼。……去你的！”现在美国街头比萨饼店到处都是，但是对一个9岁的小孩来说，即使知道自己是走在潮流的前头，也不能自我安慰，让心里好受些。

艾柯卡并不是班上唯一被欺侮的孩子。还有两个犹太儿童，一个叫华沙，她在班上总是考第一，艾柯卡通常考第二；另外一个小孩是正统犹太教徒的儿子，戴黑色小帽，留小胡子，艾柯卡和他们很要好。他们家在艾伦敦备受歧视，孩子们看见他俩时就仿佛遇见了两个麻风病患者，远远地躲着他们。

以前艾柯卡不懂，直到三年级以后他才慢慢明白意大利小孩比犹太小孩高一等，但也好不到哪儿去。另外，他也想不通，小镇上的学校为什么没有黑人小孩。

在艾柯卡六年级的时候，学校选举纠察队长。纠察队员都挂有白条银徽的绶带，纠察队长和副队长则穿特别的制服而且戴特别的徽章。小学的纠察队长就和高中足球队的四分卫一样出风头。他很想穿穿队长的制服，便决定去竞选。

选举结果艾柯卡以 20 票对 22 票落选，他非常失望。第二天下午，他去看周六下午场电影，前排坐着一个他们班上长得最高大的同学，他转过身来看到艾柯卡，说："傻瓜蛋，你落选了。"

艾柯卡说："我是输了，但你为什么骂我傻瓜蛋？"

那个同学说："因为班上只有 38 个人，却有 42 票，你连算术都不会吗？"

原来他的对手往票箱里多塞了几张选票！艾柯卡回去告诉了老师。

这位女老师对他说："还是让我们彻底忘掉这件事吧！"

她不愿再生风波，就把这件事掩盖了起来。这个事件对艾柯卡有极大的影响，它使他第一次深深地体会到人生并不是永远公平的。

不过除此而外，艾柯卡在学校里还是很快乐的。他是个用功的学生，许多老师都很喜欢他，常叫他去擦黑板、清黑板擦或敲学校的钟。

艾柯卡后来说："如果你问我大学及研究生院老师的名字，我念不出三四个，但却记得清在小学及中学教我的老师的名字。"

艾柯卡在学校里的最大收获就是学会了怎样用文字表达自己的感受。他的九年级老师雷帕小姐要求他们每星期一早上写一篇 500 字的作文，每周都是如此。

她常利用《读者文摘》上的词汇游戏对他们做当堂测验，使他养成了阅读每一期《读者文摘》词汇测验的习惯，至今不变。

经过几个月的测验下来，艾柯卡又多认得了许多字，但他还是不会造句。这时雷帕小姐开始教他们即席演讲。艾柯卡的表现不错，后来加入了由拉丁文老师指导的辩论组，从那儿开始他学会了演讲的技巧以及如何做即兴演说。

起初艾柯卡非常害怕，全身都不自在。直至今天，每当演讲之前，他还是有点紧张。辩论组的经验对他十分有益，他总对别人说："即使你装了满脑袋的好主意，假如你不能让人了解，也等于没用。"

在艾柯卡 14 岁的时候，没有比辩论"是否应该废除死刑"的正反两面更能培养演讲技巧了。1938 年时这是个热门的话题，他为了这个题目的正反两面至少各做了 25 次的辩论。

第二年对艾柯卡来说是一个转折点。他得了风湿热，第一次感到了什么是严重的心跳。他几乎吓昏了，觉得自己的心好像要跳出来。

医生说："别紧张，胸口放个冰袋就行了。"

他很害怕："把那些冰块放在胸口干什么？我一定快死了！"

那个时候风湿热确实能致人死命，他得吃桦皮丸来消除关节的感染。因为药的酸性太强，他每 15 分钟还得吃止酸丸以防止呕吐，不过现在的病人已改用抗生素了。

风湿热有伤害心脏的危险。艾柯卡还算幸运，虽然掉了 18 千克的体重，在床上躺了 6 个月，但还是完全康复了。他永远不会忘记那些用来减轻膝盖、脚踝、胳膊肘和手腕关节剧痛的关节固定板，里面塞满了沾有白珠树油的棉花。这种原始治疗法的

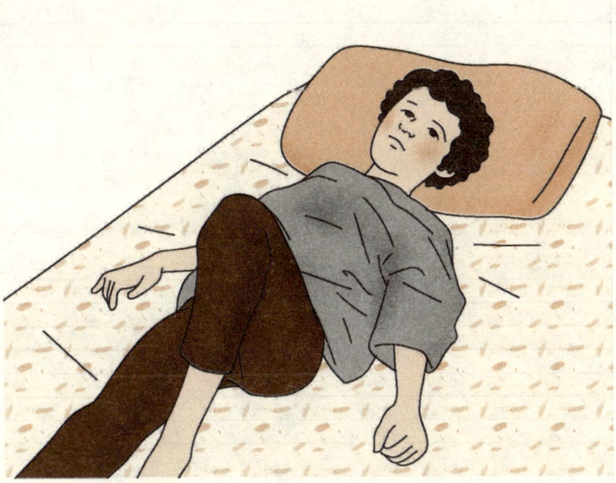

确能降低骨节的痛苦，但却让你的皮肤像三级烧伤那么疼痛。

在艾柯卡生病之前，他原来是棒球好手，也是纽约“洋鬼子”棒球队的球迷，那几位意大利后裔球员是他的偶像。和其他小孩一样，他梦想自己将来也参加职业球队。但这场大病使他完全转变了。

他只能放弃了体育运动，开始玩象棋、桥牌，直至后来还是喜欢玩扑克，而且经常赢。

艾柯卡说，这个游戏可以让你学习如何去利用机会：何时该放弃，何时可以唬人。这几招在以后与工会艰苦谈判的时候他都派上了用场！

多才多艺的中学生

艾柯卡在学校读书很用功。他在高中时成绩几乎每年都名列前茅，而且连数学都考到了优等。他参加了拉丁文俱乐部，因成为三年级成绩最好的学生而得奖。

虽然以后40年他再未用过拉丁文，但拉丁文协助他认识了更多英文，而且他是少数能在周日弥撒听懂神父说什么的小孩之一。后来当地的约翰主教改用英语做弥撒，他从此再也用不上拉丁文了。

艾柯卡认为，做一个成绩好的学生虽然很重要，但是还不够，所以他一直热衷于课外文体活动。在高中的时候，他在话剧社和辩论社都很活跃，病后他无法再做剧烈运动，只好去当游泳队的经理，就是帮忙递毛巾和洗刷游泳池。

他还在七年级的时候，就开始热衷于爵士乐。那个时期流行大乐队，他和几个朋友每个周末都去听大乐队演奏。通常他只是听听音乐而不跳舞。

他的爵士舞跳得很不错，他曾去艾伦敦的帝国舞厅和宾夕法尼亚州波兹镇的阳溪舞厅跳舞。赚了钱以后，他也溜进纽约的宾夕法尼亚旅馆或庞普登路上的草溪夜总会去玩。那段时间音乐就是他的生命。他订了热门音乐杂志，而且知道每一个主要乐队成员的名字。

那时艾柯卡开始学吹次中音萨克斯，他甚至被学校乐队找去当第一喇叭手。但他为了“政治”放弃了音乐。他希望在七年级和八年级当班长，结果如愿以偿。

艾柯卡像他父亲一样喜欢各种车，但就是因为原来家里那辆倒霉的摩托车，艾柯卡的父亲不准他长大以后骑自行车，因为它少于4个轮子！如果他想骑自行车，只能向朋友借一会儿过过瘾。

但当他满 16 岁的时候，他的父亲就允许他开汽车了，这使他成为艾伦敦唯一的从骑儿童三轮车一下跃到开福特汽车的男孩。以后每当一听到轮胎制造的技巧又有新的发展时，他就不由自主地想起父亲。

在九年级的时候，艾柯卡参加竞选全校学生会主席。他的好朋友吉米·利比当竞选经理。吉米非常聪明，为艾柯卡设立了竞选组织。结果艾柯卡获得压倒性胜利。

他兴奋之极，得意忘形，觉得自己是个人物了。所以当选以后，他自以为高人一等，开始神气起来，于是疏远了与“选民们”的关系。他后来回忆道：“那时我还不懂人们的沟通比一切都重要。”

结果第二学期艾柯卡落选了，这对他是个沉重的打击。他为了学生会而放弃音乐，但忘了友善待人，使自己的“政治生涯”就此结束了。这件事给他在学习当领导方面上了重要的一课。

尽管他参加了这许多课外活动，艾柯卡毕业时还是在全年级 900 多人中名列第 12 名。他父亲的反应却是：“你为什么没考第一？”可见父亲对他的期望之大。

在他念高三的时候，日本突然袭击了珍珠港。罗斯福总统的演讲使他们义愤填膺。一夜之间美国被惊醒，整个国家都团结起来。从那次危机中，他懂得了“唯有大难当前才会使人团结”。

1941 年 12 月，艾柯卡和当时大多数年轻人一样，迫不及待地想入伍卫国。虽然他觉得自己的身体状况甚佳，但意外的是，他的体格被评为戊等缓役，使他不能参加空军，陆军也不要患过风湿热病的人。不过曾经几乎置他于死地的病也许这次是救了他的性命。

艾柯卡并不觉得自己有病，一两年后他为了加入人寿保险首次身体检查，医生对他说：“你这个这么健康的年轻人为什么没有到海外作战？”

当时，艾柯卡的大部分同学都应征入伍，这批十七八岁的、1942年毕业的同学入伍受训后，就横渡大西洋远赴欧洲作战，后来许多人死在了战场上。现在艾柯卡有时翻阅高中毕业纪念册，还不禁悲伤地摇头叹息，实在很难置信那些艾伦敦高中毕业生为了保卫民主而战死沙场。

在第二次世界大战那场反法西斯的战争中，艾柯卡始终有一种“国家最需要你，而你却无法尽力”的负疚感。那时大家的爱国心高到极点，他最想当飞行员，驾驶轰炸机到德国对希特勒和德军轰炸报仇。

在战时被缓役是件不光彩的事，艾柯卡开始觉得自己是个二等公民。他的大部分好友和亲戚都去和德国人打仗了。他觉得自己仿佛是美国唯一没有参战的年轻人。所以他只能做一件事，就是埋头读书。

就读利哈伊大学

高中毕业后，艾柯卡表现出对工程的兴趣，开始注意有名的工科大学，其中最向往的是普度大学。他申请该校奖学金，结果没成，这令他大失所望。

加州理工学院、麻省理工学院、康乃尔大学和利哈伊大学，都是一流的工学院。他最后选了利哈伊，因为它离艾伦敦的距离开车仅需半小时，离家不太远。

利哈伊大学的冶金系和化工系是世界第一流的。利哈伊大学对一年级新生要求就像新兵训练营一样严格，如果到二年级结束不能保持高水准的成绩的话，学校就会很客气地请你走人。

艾柯卡一周上 6 天课。其中统计课是在周六早上 8 时上课，许多人不及格，而他得了 A。不是因为他统计特别好，而是他每周六准时来到教室听课，许多同学这时却因周五夜晚过度狂欢而酣睡不起。

艾柯卡从小就懂得一放学先做完作业，晚餐以后再出来玩。上大学以后，他知道如何专心致志地学习，不受收音机和其他娱乐活动的干扰。他通常会对自己说："在 3 个小时内我专心读书，3 个小时一过我就把功课丢一边去看电影。"

上大学以后，他总是在周一至周五非常努力，尽量留下周末与家人团聚或娱乐。一到周日晚上他再度奋起，开始计划下周的学习。

艾柯卡在利哈伊大学学到的另一个使用时间的方法，就是按事情的重要性排定优先次序，然后倾全力从最重要的开始做起。

艾柯卡觉得正确的想法和习惯必须在人生早期就养成，否则一定会积习难改。建立择优处理事务的顺序和良好的运用时间的能力并不是在大学课堂上可以学得到的。学校教育固然可以传道授业，但那些生活中基本的良好习惯必须靠自己培养。

艾柯卡在大学时能专心学习并非完全是自发的，因为那个时候愈来愈多的同学应征入伍，班上的人越来越少。通常教一班 50 个人的老师，变成指导一个 5 人的研讨会的指导员，结果他也受到了一流的教导。

小班制的教育下，每个人都会受到充分的注意，教授可以对每个人说："告诉我你为什么不会做那道机器设计题，我会想法让你了解。"正是由于第二次世界大战，艾柯卡受到了一流的大学训练。

同时，来自父亲的压力也给了他很大的激励。就像典型的移民家庭一样，艾柯卡的父母对能够有幸上大学的孩子抱着很高的期望，以此来补偿他们未能上学的遗憾。艾柯卡认为，有责任充分利用父母未能享有的机会，所以他必须得全年级第一名。

但说来容易做时难。第一个学期尤其艰辛，当时他没有获得院长奖，父亲立即追究原因。他的父亲由于对学校情况不够了解，很难理解：这孩子在高中表现得很聪明，而且毕业时名列前茅，为什么几个月以后变得这么差？他认为艾柯卡是因为沉迷于游乐而荒废了学业。艾柯卡无法使他相信大学和高中截然不同。在利哈伊每个人都很优秀，否则他们根本进不去。

大学一年级时，艾柯卡的物理几乎不及格。教授巴格曼先生是维也纳移民，他的口音太重，艾柯卡几乎听不懂他的话。巴格曼教授是个了不起的学者，但对一年级新生缺乏耐心。很不幸，他的课又是机械工程系的必修课。

尽管艾柯卡这门课修得不好，但他和巴格曼教授相处得很好。他们曾一起在校园里散步，巴格曼教授告诉艾柯卡物理学最近的发展。他对原子分裂特别有兴趣，那时原子分裂仍是纯假设而已，艾柯卡完全外行，对于他讲的东西似懂非懂，只能了解个大概。

巴格曼教授有点神秘，每星期他都匆促地下课，然后离开校园，直至下周一才见人影。许多年之后艾柯卡才知道这个秘密：巴格曼教授利用每个周末在纽约搞“曼哈顿计划”。换句话说，巴格曼不教书的时候就去进行制造原子弹的研究。

尽管艾柯卡和巴格曼教授有亲密的师生之谊，但艾柯卡的一年级物理还是只拿了个 D。这是他最差的一科成绩。艾柯卡在高中数学很好，但缺乏大学的高等微积分和微分方程基础，所以读起来很吃力。

面对学习上的压力，他只得想出对策，就是改变。他从机械工程系转到工业工程系，不久成绩也开始改善。四年级他不再修高等流体力学和热力学而转修商业课程，如劳工问题、统计和会计学。这些课他学得很好，拿了全 A 的成绩。他的目标是争取拿到学业优等奖毕业。这就要求 4 年总平均在 3.5 以上，结果他以 3. 53 的成绩刚好够格。

除了工程和商业课程，艾柯卡还在利哈伊大学修了 4 年的一般心理学和变态心理学。这几门课可能是他大学所学的最有价值的课程。他说，他在企业界里与人相处所运用的心理学原理对他的贡献，比所有他学过的工程课程还要大。

有一门课他们一周必须花 3 个下午和晚上在离校园 8000 米外的州立艾伦敦医院精神病房里上，他们看到各种不同的精神病患者——忧郁症、分裂症、虐待狂等。

这门课的重点内容就是研究人类行为的基本模式。那个人做那件事的动机是什么？这个女人是怎么产生忧郁的这个问题？萨米为什么会逃跑？乔已经 50 岁了为什么还像小孩子一样？期末考试是将一群新的病人交给他们，而他们必须在几分钟内给患者做出一个诊断分析报告。

这种训练的结果，使他能很快地了解一个人。至今他只需要一次见面的机会就能八九不离十地认识一个人。如何识别人非常重要，因为经理人员最重要的工作之一就是正确地聘雇适用的人。

艾柯卡连续8个学期没有过暑假，不断修课，完成了在利哈伊大学的学位。他很希望听从爸爸的劝告去休假，享受一点鸟语花香的时光，但战火正烈，他的朋友正在海外作战，甚至为国捐躯，所以他觉得必须全力以赴搞好学习。

除了学习外，他也参与许多课外活动，其中他最有兴趣的是编辑校刊的工作。他的第一个任务是当采访记者，访问一位利用木炭作动力制出一部小汽车的教授，这当然是在能源危机之前。

他的这篇稿子被美联社采用，并在成百种的报纸上转载。由于成功地采写了那篇报道，艾柯卡还被聘为版面设计编辑。

艾柯卡还在毕业之前，就想为福特公司工作。

他开着一辆过时的1938年出厂的60马力福特车，这使他对福特公司产生了兴趣。他开这部车爬山的时候，不止一次地突然间换挡不灵，几乎要了他性命。

他常开玩笑地对他朋友说："他们需要我。造出这种破车的公司一定需要帮助。"

在那个年代，有部福特牌汽车，是弄懂汽车的最佳方式。战时所有的汽车厂都忙于赶制武器而不制造新车，汽车零件也很稀少，只能在黑市或报废汽车场里找到。假如那时你很幸运地拥有一辆车，你就得学会如何好好保养它，因而，艾柯卡也学会了修车。

战时车辆非常缺乏，艾柯卡毕业时把这辆车以450美元卖掉，而他父亲买给他的时候只花了250美元。

大学四年级的春天，工程师非常缺乏。艾柯卡大约有20个可挑选的工作机会，事实上他想去哪一家工作都可以。但艾柯卡还是喜欢汽车而且希望为福特公司工作，这可能跟他懂车的父亲有很大的关系。

普林斯顿读硕士

“爸爸，咱们全家能不能去新泽西州旅行一次呢?”艾柯卡压抑着内心的激动，平静地向父亲提出建议。

“去旅行?这个时候?为什么?你的工作还没安定下来……”艾柯卡的父亲狐疑地看着他。

“如果，我的工作已经落实了呢?”

“你说什么?你是说福特公司?”

“是的，爸爸，福特公司决定雇用我啦!”

艾柯卡像小时候一样一下子抱住父亲，一家人的欢笑声立刻充满了整个房间。

“我们马上就去新泽西，为什么不去呢?!”

一路上，全家人哼着歌儿，沐浴着阳光与和煦的春风，驾车向新泽西驶去。

刚刚到达新泽西，里多的行李刚刚整理好，德尔玛“砰”的一声推门进来，拿着一封快信。

“里多，你的信。”她叫着艾柯卡的昵称。

“谁来的信?谁会知道我在这儿?哦……”艾柯卡突然想起来了，临行前，他把自己的行踪告诉给了学校就业办公室主任。

“我要去新泽西旅行了，如果您有什么事儿请按这个地址给我写信。”

“祝你旅行愉快。”那个胖胖的主任还笑着跟他道过别。

艾柯卡打开信，信中有一份普林斯顿大学研究所奖学金的资料，奖学金包括学费、书籍费用和零用钱。

她告诉艾柯卡每年只有两个人能获得这项奖学金并且建议他去申请。她说："我知道你不打算进研究所，但这个机会似乎很有利，你要好好考虑才是。"

艾柯卡写信向普林斯顿大学索取详细资料，他们回信向他索取成绩单，接着艾柯卡就得到了华莱士纪念奖学金。到普林斯顿校园看了一眼后，艾柯卡就决定去那里念书。他想有个硕士学位不会妨碍自己的事业发展。

突然间艾柯卡有了两个绝佳的机会。他打电话给福特公司的古德哈特先生，告诉他自己的处境。

古德哈特对他说："假如普林斯顿大学给你奖学金，你绝对应该去拿这个硕士，我们会保留你的位置直至你毕业。"这正是艾柯卡所盼望的答复，他当时真是欣喜万分。

普林斯顿是个令人愉快的学习环境，比起利哈伊紧张的功课，这里算很轻松。除了主课外，艾柯卡选了政治课和一门新课——塑胶。他的一位教授穆迪先生，是世界上著名的水利专家，他曾参与许多大水坝兴建计划。由于战争，和利哈伊一样，普林斯顿的师生人数比例也很高，他们班上只有4个人上穆迪教授的课。

有一天艾柯卡去听爱因斯坦的演讲，他听不太懂，但只要看到他就很兴奋了。他们的研究所离爱因斯坦执教的高等研究所不远，能时常看到这位伟大的科学家从窗前走过。

艾柯卡有3个学期的时间写硕士论文，但因为他急于去福特公司工作，两个学期就写完了。他的研究计划是设计和手制一个流体动力仪。他和指导教授合制了一个，然后和通用汽车公司捐赠的引擎连接起来，做了各种试验，完成了论文。当艾柯卡把硕士论文用皮封面装订起来的时候，他感到非常骄傲。

那时福特公司的古德哈特先生应征入伍，而艾柯卡在普林斯顿时居然忘记与他保持联络，更糟的是艾柯卡也没有他的书面同意书。等艾柯卡在普林斯顿毕业时，福特公司根本就没有人知道他这个人。

艾柯卡找到福特公司古德哈特的上司，在电话里向他解释了自己的困境。古德哈特的上司说："训练班已经结束了，我们已经找到了50个人。但对你来说有点不公平。假如你能立刻来这里报到，我们就增额录用你。"

第二天艾柯卡的父亲驱车送他到费城，搭"红箭快车"往底特律，开始了他的事业生涯。

在一夜的旅程中他因太兴奋而无法入眠。车到站后艾柯卡肩背帆布袋下车，口袋里有50美元。他问头一个碰到的人迪尔伯恩怎么走，他说："往西走，小伙子，往西走10千米就到了！"

成为福特功臣

如果你不是第一，你就得锐意创新。

——艾柯卡

进公司选择营销

1946年8月，艾柯卡大学毕业后，当上了一名见习工程师，开始在福特汽车公司工作。

首先，他们要接受一系列的培训，受训者必须在各个生产环节实际操作一下。他们要走遍公司的每个部门，少则几天，多则一星期。这样，他们到训练工作结束时，对生产一辆汽车的每个过程就都很熟悉了。

公司尽量设法使他们有更多的实践机会。他们先是来到公司有名的红河厂，它是当时世界上最大的汽车制造工厂。公司还拥有自己的煤矿和石灰矿，因此他们可以亲眼看到汽车生产的全过程——从铁矿开采、炼钢，直至制造出汽车来。

培训期间，他们所到之处包括冶炼、铸造、模具车间，以及检测跑道、锻造工厂和装配线等。不过他们去的地方也并不是都同造汽车直接有关。他们还花大量时间在采购部门工作，甚至到工厂的医院也待过一段时间。

要想了解汽车制造的整个工业流程，红河厂是世界上最理想的地方。它是福特公司的骄傲，经常有许多国家的代表团前来参观。日本人在很长一段时间内对底特律是不感兴趣的，但最后也蜂拥而至，来红河厂朝圣。

艾柯卡终于看到了自己所学的书本知识在实际生产中的运用。他在利哈伊学习过冶金学，如今真的站在炉前进行实践了。在机床和冲模车间，他有机会亲手操纵过去只是在书本上看到过的机器，例如刨床、铣床和车床等。

他还在组装线的最后一个环节工作了4个星期，他的活儿是给卡车大梁上的电器线束安上一个螺母。这个活儿不难，就是有些单调乏味。

有一天，他的父母来看他。父亲对穿着工作服的儿子笑着说："你上了17年学，现在你明白了没能在班里拿第一是什么后果了吧？"

监工对他们这些见习工程师的态度还是不错的，但是工人们对他们怀有疑虑和不满。起先，他们以为是他们佩戴的"见习工程师"徽章引起的。当他们为此抱怨而把徽章都换成"管理人员"的袖章后，事情却变得更糟了。

不久后，当艾柯卡了解了公司的背景后，很快就明白了这是怎么一回事。当时，公司的创始人亨利·福特年事已高，公司正由他的几个亲信经营，其中突出的是以强硬态度出名的哈里·贝内特。

这时，工人和管理者之间的关系很坏，以至于他们这些戴着"管理人员"袖章的见习工程师也被卷了进去。许多工人认为，他们是受雇于哈里·贝内特，被派来监视他们的，哪里知道他们只是刚出大学校门的实习生而已。

虽然关系紧张，但他们还是尽量给自己寻找乐趣。他们这些来自50所大学的小伙子住在一起，经常一块儿喝啤酒，尽可能在工作之余享受生活。他们在整个培训过程中的管理还是比较宽松的，要是有人溜掉一两天，开车到芝加哥逛一趟，也不会有人注意到。

实习时间过去一半以后，带队人和他们在一起召开了一个会。在公布了每个人下一步的去向后，那个带队人说："嘿，艾柯卡，你是专攻机械设计、水力测量设计、自动变速装置的。你看，我们现在有一个自动变速装置研制小组，你去那里工作吧！"

艾柯卡到那个研制小组的时候，那里的5个人已经干了9个月了。但是艾柯卡对工程设计已经实在不感兴趣了。他到这里的第一天，被安排设计一个离合器上的弹簧片，他花了一整天的时间画图。

他心里想："我究竟在干些什么呢？难道我这一辈子就干这个？"

艾柯卡愿意继续留在福特公司，但不愿整天干设计工作。他很想搞营销，他认为这才是有意思的工作。他喜欢和人打交道，而不是机器。艾柯卡表现出的不满，让负责他们培训的上司有些不高兴了。因为他们是从工学院招聘来的专业技术人员，福特公司为培训他们花了大量的时间和费用，现在他居然丝毫不考虑公司的目的而想去搞营销。

但由于艾柯卡的坚持，并告诉他们在普林斯顿得到的硕士学位完全可以代替剩下阶段的培训。厂方妥协了，同意让他离开，但是去营销部门的工作得由他自己去与相关部门协商。他们说："我们是愿意你留在福特的，但如果你决意要干营销这个行当，你就得自己跟他们联系。"

艾柯卡立即与在培训班认识的好朋友弗兰克·齐默尔曼联系。他是第一个被招聘进来参加培训的，也是结业最早的一个。和艾柯卡一样，他也决定不干工程技术，并且自己联系了一个在纽约区经销卡车的工作。当艾柯卡去东部看望他的时候，他们像大都市里的两个小顽童一样，跑着跳着去饭馆吃饭，逛夜总会，饱览曼哈顿清晨日出的美景。

"上帝啊！"艾柯卡激动地想，"我总算回到了这里。我来自东部，这里才是我真正的落脚点。"

当他来到福特公司纽约区销售办事处找经理时，他刚巧外出，艾柯卡只好去见两个副经理。他有些惴惴不安，因为他学的都是跟工程设计有关的，而不是营销，除非给他们留下一个极好的印象，他才有可能在此找到一份工作。

艾柯卡把从迪尔伯恩带来的一封推荐信交给其中的一个副经理。他伸出手来接过信件，却没有离开他正在看的报纸。事实上，在整个半小时里，他一直在读《华尔街日报》，没有抬过一次头。

另一个副经理态度也好不了多少。他先是朝艾柯卡脚上的鞋瞥了一眼，然后就开始打量艾柯卡，似乎很在意他的领带是否系直了。然后问了他几个问题。看得出来，听到他受过大学教育，并且在迪尔伯恩待过，他是不高兴的。

可能他认为，艾柯卡在这里工作会影响他的前程。很明显，他不准备雇用艾柯卡。他说："先回去等几天吧，等我们的电话。"

这时，艾柯卡心里实在不是滋味，就像一个演员在百老汇歌剧院试唱失败一样。

现在，艾柯卡的唯一希望是到另一个区的销售处再碰碰运气。所以，他又联系了离费城不远的宾夕法尼亚州切斯特区销售处的经理。这一回他运气好多了，这个区的经理乐意给他提供机会，雇用他在办公室做一般的文员工作。

在这里，艾柯卡的任务是同代理商沟通新车的推广和调配问题。这个工作不好做，常常使他感到紧张和不安。他每当拿起电话时，心里就发毛，因此在每次打电话前，他总是把要说的话练习了一遍又一遍，生怕被人回绝。

有人认为，优秀的推销员是先天的而不是后天培养出来的。就目前的艾柯卡来看，似乎他没有这方面的任何天才。他的大多数同事都比他轻松，而且销售业绩都不错。

开始的一两年，他工作起来总是比较呆板，不够灵活，工作起来也很拘谨。后来他就着力总结过去的一些经验，工作开始有了改进。一旦把新资料拿到手以后，他就马上斟酌推敲应该如何把它们说明白，说得让对方爱听。渐渐地，对方听他介绍时不再很快挂电话了。

艾柯卡的推销生涯，就像当年在大学里一样，经过一段时间的努力之后，开始变得顺利和出类拔萃了。

第二次世界大战期间，家用小汽车几乎停止了生产。

随着经济逐渐恢复正常，这种汽车供不应求，每辆新车都能按照经销商定的价格销售出去。许多汽车销售商还设法从顾客手里倒旧车，因为即使一辆用得很旧的汽车，一转手就能赚得一笔可观的钱。

虽然艾柯卡在销售处的地位并不高，但由于新汽车供不应求，他的工作也很有油水可捞。如果他想做手脚的话，很容易就能发大财。当时，偷偷摸摸的背后交易很多，雇员们把车调配给他们的朋友，从中得到礼物或受贿的勾当经常发生。

汽车经销商越来越富了。

市场上汽车根本没有固定的价格，漫天要价也照样成交。有些地区的雇员拿原则做交易参与牟取暴利的活动。这一切使艾柯卡这个离开学校没多久的、没有什么杂念的年轻人感到震惊。

最后，艾柯卡终于离开了守电话机那个普通文员的岗位，新的工作是作为零售和批发代表访问各处的经销商，并向他们提供销售的信息。他热爱这个工作，为之争分夺秒，到处奔忙。他终于真正地、完全地步入了社会。

艾柯卡每天心情愉快地开着崭新的汽车驶向各地，和几百个经销商共享他的最新信息，而他们都希望能通过艾柯卡的帮助成为百万富翁。

担任区销售经理

1949年，工作努力的艾柯卡当上了福特公司在宾夕法尼亚州威尔克斯巴里的一个销售区的经理，任务是同当地的18个销售代理商保持密切合作。

对他来说，这是他一生中一个很关键的阶段。

因为代理商是汽车经营业的关键，所以一旦他们同母公司建立了密切的工作关系，便可成为美国最理想的企业家。工厂生产出来的汽车都得靠他们卖出去和提供服务。

因为艾柯卡直接同代理商合作，所以懂得他们的重要性。后来，在他当上经理后，就尽量同他们搞好关系。他知道，如果想要把汽车生意做得好，公司必须和代理商密切合作，也就是说，公司必须同代理商的推销工作保持协调一致。

艾柯卡看到了大多数汽车公司当时存在的问题，他们很少认真倾听那些代理商、也就是公司最直接的顾客的意见，他们极少被公司奉为上宾。有时候他们提出的意见公司可能不爱听，但那是来自销售最前端的信息，是销售的第一手资料，那些信息有时会非常重要。

在切斯特的那些日子，艾柯卡获得了许多关于汽车零售方面的知识和经验，这些知识和经验主要是从威尔克斯巴里一位行销经理莫里·凯斯特那里学来的。莫里擅长于训练和激励那些经销人员。

莫里有一招是，每当汽车卖出去30天后，他就主动打电话问买主："你的朋友们喜欢你买的车吗？"他的战略其实很简单。他觉得，如果你问买主本人是否喜欢，他很可能挑出一些毛病来；但是如果你问的是他的朋友认为他的车怎么样，那么，他很可能告诉你说，这辆车如何了不起。

即使他的朋友并不喜欢这辆车，他也不能承认，至少不会那么快承认。他心里还会觉得，他买这辆车是精明的。如果你够聪明和机智，你还可以乘机向这位主顾打听他朋友的姓名和电话，兴许他们想买一辆类似的车呢！

莫里说："记住，任何人买了一样新东西，包括房子、汽车或是股票，开始的几个星期里他总是觉得好的，哪怕是买错了。"

莫里还是个讲故事大王。他的故事都是从他姐夫那里听来的。他姐夫是美国著名的喜剧大师亨尼·扬曼。

有一次，莫里把亨尼从纽约带到费城，让他在布罗德饭店举行的一次销售大会上作演讲。

在亨尼鼓动起群众的情绪后，艾柯卡就开始介绍新汽车。那是他第一次听到亨尼的一句名言："请带上我的妻子吧！"

艾柯卡学会了莫里的做法，习惯于给代理商们一些有用的提示，他常常告诉他们：商人必须能适应主顾，恰到好处地提一些对促进买卖有利的问题。

他说，如果一个主顾提出要买一辆红色敞篷车，那你卖给他就是了。但有许多主顾不知道自己到底该买什么样的车，因此经销员就应该帮助他们挑选。某种程度上说，买一辆汽车与买一双鞋没有太大区别。如果你在鞋店当售货员，你得首先量量顾客的脚，再问问他需要的是运动鞋，还是正式场合穿的。买汽车也是如此。

他对代销商们说，你还应当搞清楚，他买车是做什么用的，他家里还有什么人会用这辆车。你也可以算一下，多高的价格他买得起，这样你就心中有数了。

艾柯卡在切斯特工作期间，还受到另一位才能卓越人士的影响。除了他父亲以外，没有一个人像他那样对艾柯卡的一生产生如此大的影响。他就是福特公司东海岸经理查利·比彻姆。

和艾柯卡一样，他也是工程师出身，也和艾柯卡一样接受了工程技术人员所受的一系列培训，但后来转入了推销和市场工作。他是艾柯卡一生中关系最密切的良师益友。

查利是个热情、开朗的南方人，他个子高高的，脸上常带着可爱的笑容，特别富有感染力。他善于诱导和鼓动人，能叫你明知有风险也要义无反顾地冲上去。

查利很多的时候都是慷慨大度的，但有时也很冷峻严厉。有一次，在东海岸地区的13个小区中，艾柯卡的区销售情况最坏。

查利看到他在汽车库前踱来踱去，就走了过来，把手放在他的肩上说："为什么垂头丧气？"

"查利先生，在总共13个区里，这个月我们区的销售量排第13位。"艾柯卡回答。

"去他的，总有人要得最后一名的，何必如此烦恼。"说完查利就走开了。

当他快上车时，又回过头来对艾柯卡大声说：

"不过听着，可不要连续两个月都排在最后一名！"

他说话很风趣。有一次有人谈到派一些新招收来的经销人员去访问费城的一些汽车商，这些汽车商都是很难对付的。查利认为派这些年轻人去太不合适。他说："这些年轻人正是春天的绿草，会被奶牛吃光的。"

他有时却直截了当。他常常说："主要是赚钱，其他的少考虑。这是一条盈利制度，伙计，其余都是次要的。"

查利常常谈到外出办事要精明干练。这些是只能意会，不可言传的。他对艾柯卡说："艾柯卡，你要记住，作为一个人，最重要的是你的理智和判断力。这就是人区别于猴的地方。所以如果你不会辨别谎言和真话，那么就太糟糕了，因为不能辨别就不会成功。"

查利在他认为有必要的时候会变成一个很粗暴的上司。但是如果你能为自己的错误承担责任的话，查利就能容忍你的错误。

他对艾柯卡说："要永远记住，人人都会犯错误的，问题是多数人不承认自己的错。他会设法把错误归罪于他的妻子、女佣人、孩子、狗甚至天气，但决不责怪他自己。所以，如果你做了错事，请不要找任何借口，先用一面镜子照照自己，然后来见我。"

艾柯卡后来说："再也不可能碰上第二个像查利那样的人了。他在我的心目中有着特殊的位置——有时我想他的这一形象是他自己精心造就的。他不仅是我的良师，远远不止这些。他常折磨我，但是我爱他！"

当艾柯卡变得更有自信心和工作上更顺利的时候，查利派他去指导商人如何推销汽车。艾柯卡为此还写过一本题为《卡车推销员的雇用和训练》的小册子。毫无疑问，艾柯卡离开工程技术工作是一次正确的抉择。这里才是他有所作为的地方，而他尤其喜欢自己在这个行业中所处的位置。

艾柯卡在切斯特事业上的顺利和成功不全是他个人努力的结果。那是他有幸在适当的时候找到了适当的岗位。由于福特公司正处在改组阶段，个人就有了许多被提拔的机会。一旦机会来了，他就紧紧抓住不放。不久以后，查利又派他去更远的地方。

艾柯卡像巡回推销员一样，带着他这一行的工具，如幻灯放映机、海报和图表等，奔波于东海岸的各个城市之间。他常常在星期日夜间到城里，然后给福特公司在这个地区的汽车推销员上5天训练课。他整天谈的都是如何经销。像做别的任何事一样，只要下了功夫，就会掌握到你做的这项工作的要领。

由于工作需要，他必须经常打长途电话。那时候还没有直拨的电话，必须经过接线员。他们问艾柯卡的名字，他说姓"艾柯卡"。当然，他们不知道怎么拼写，写对它还得费一番劲。接着他们又问他教名，他告诉他们叫"李都"，接线员就大笑起来。后来，他想，"我要这个名干吗?”从此艾柯卡便开始对外称自己为“李”了。

在他第一次去南方以前，查利把他叫到办公室，说：“李，你将要去我的家乡，我想劝你两点：一是你说话对于南方人来说速度太快，你应该说慢一些；第二，他们不喜欢你的名字。所以你可以对他们说，你有一个很有趣的教名‘艾柯卡’，你的姓是‘李’。南方人会喜欢这样的名字的。”

南方人果真喜欢这个名字。每次会议开始，艾柯卡就把这个姓介绍给大家。他完全消除了这些南方人的猜疑，他们忘了他是一个意大利人。很快，他们认为他是一个不错的小伙子。

艾柯卡坐火车到过南方的诺福克、夏洛特、亚特兰大和杰克逊维尔等地，工作很努力。南方所有的汽车商和推销员他都认识。他虽然也遇到过许多障碍和难以忍受的忌妒，但他感到很幸福。他曾经希望自己能成为汽车业中的一员，而现在，他终于如愿以偿了。

出妙计一举成名

艾柯卡在切斯特顺利地工作好几年后，遭到了一次意外的挫折。

20 世纪 50 年代初期，发生了一次不算太严重的经济衰退，福特公司决定大量裁减职工。有 1/3 的经销人员被解雇了，其中包括艾柯卡的一些好朋友。他是幸运的，因为他只是降了职而并没有被解雇。但有一个时期，看到身边的人不断离开，他的情绪也受到了影响，他感到很痛苦。那时，他曾经起了去做饮食生意的念头。

但是，他对自己从事的工作一直有一个信念，就是遇到艰难险阻，也会坚持做下去。坚强的信念让他不再烦恼，他拼命工作，用双倍的努力把工作做得更好。

他说："生活中的挫折和失败在所难免，必须学会正确对待。否则，无休止地烦恼下去很可能早就被解雇了。"

至 1953 年，艾柯卡已当上了整个费城地区销售副经理。不管汽车商能不能把汽车推销出去，汽车还在一辆辆被不断地生产并运送出来，如果不想办法尽快卖掉，就会很快地遇到麻烦！

天有不测风云，甚至会是倾盆大雨。对艾柯卡来说，1956 年是个多事之秋。

那一年，福特公司决定把宣传重点放在提高汽车的安全系数上，而不是汽车的性能及马力大小。公司实行了一系列的安全措施，包括改进仪表板的防震垫等。

公司给他们送来一部放映给汽车商看的影片。内容是，有位乘客的头部撞到仪表板上后，由于有新的防震垫，所以安然无恙。为了说明这一点，影片介绍说，这种防震垫很厚，如果一个鸡蛋从两层楼的高度落下来，鸡蛋将会从垫上弹起而不碎。

对此，艾柯卡想真正试一下。他不是让推销员通过看电影来了解防震垫的安全性，而是真的把一个鸡蛋从高空中扔到垫子上。在一次地区的推销会上，大约有 1100 人观看他的表演，希望证实公司这种新研制的防震垫的有效性。

他把防震垫铺在讲台上，手里拿着一盒鸡蛋爬到旁边一个很高的梯子上。

他投出的第一个鸡蛋根本没有落到垫子上，而是跌碎在木头地板上，引起观众的哄堂大笑。在扔第二个鸡蛋时，他更小心了，可是替他扶着梯子的助手偏偏在这个时候晃了一下，结果鸡蛋砸到了底下人的肩膀，这时全场观众再次喝起倒彩来。

第三、第四个鸡蛋倒是落到了防震垫上，但是很不幸，鸡蛋都被摔坏了。最后的第五个鸡蛋达到了目的，观众们都站了起来，狂热地鼓掌，当然还有不少人同时在起哄。

他从那一天所发生的事得到了两点教训：一是不能在推销会上用鸡蛋作表演；二是不能在顾客面前说无准备的话，做无准备的事，这样才有利于推销产品。

那一天他的脸上有一些黏糊糊的鸡蛋液，那是他在尴尬的时候，手无意识地蹭上去的。而那一天发生的事，最后成了 1956 年汽车销售情况不佳的先兆。福特公司发动的提高安全系数运动是个大失败。这个运动虽然设想很好，大张旗鼓地推动了一番，但没有得到顾客的积极回应。

那一年，福特公司的各个地区的汽车销售情况都不好，而艾柯卡所在的地区是销售量最差的一个。在“鸡蛋事件”以后，艾柯卡想出了可行的计划，至少他认为如此。

他决定，任何客户如果买了一辆 1956 年型的福特新车，那么可以先付 20% 的价钱，其余的以后每月付 56 美元，3 年付清。这样几乎任何人都能买得起。他希望这样做会促进他们区的汽车销路。他把这个办法叫作“56 元换 56 型”。

“56 元换 56 型”立竿见影，新汽车的资金不断回笼。仅仅 3 个月的时间里，费城地区的汽车销售量从全国最后一名一跃成为第一名！

在迪尔伯恩的福特公司福特部副总裁、将要成为肯尼迪政府国防部长的罗伯特·麦克纳马拉非常欣赏这项计划，他甚至把这个计划列入福特公司全国销售战略的一部分。他后来曾估计，这项计划使福特多销售了 75000 辆汽车。

艾柯卡就这样，10 年艰辛，一日成名。突然间，他成了知名人士，甚至成为国家最高机构里议论的人物。10 年来，步履维艰，如今有了转机，他的前景一下子变得光明和广阔了。作为对他的一种酬报，他被晋升为华盛顿特区的经理。

这个时候，还沉浸在兴奋中的艾柯卡喜上加喜，他结婚了。

他的新婚妻子玛丽·麦克利里是福特公司在切斯特一个装配工厂的招待员。8 年前，在费城的斯特拉特福饭店举行的一次新车推介招待会上，他和玛丽相识。他们恋爱了好几年，但由于艾柯卡经常外出奔波，他们的婚期一再推迟。

1956 年 9 月 29 日，他们终于确定准备在切斯特圣罗伯特街的哥特式教堂里举行婚礼。

到公司总部任职

为了在华盛顿物色一幢房子，艾柯卡和玛丽奔波了几个月。

他们刚买到房子后的一天，查利告诉艾柯卡说："你得准备到另外一个地方去工作了。"

艾柯卡吃惊地说："你在开玩笑?！我下周将要结婚，刚刚买了所房子。"

查利说："很抱歉，如果你想拿薪金的话，你的薪水支票是在迪尔伯恩。"

艾柯卡不仅必须告诉玛丽，他突然要调到底特律去工作，而且还必须告诉她关于蜜月的安排。在他们回到马里兰漂亮的家以后，他只能在那里和她待一个夜晚，接着马上就得出发！

查利这时已被提升，担任福特部全国轿车和卡车销售负责人，他带艾柯卡到迪尔伯恩任卡车营销部经理。过了不到一年，艾柯卡又被任命为轿车销售负责人，1960 年 3 月，他同时兼任这两个重要职务。

在艾柯卡第一次会见他的新上司罗伯特·麦克纳马拉时，他们谈的却是铺地毯的事。艾柯卡虽然因提升到全国总部工作而很高兴，但还是为在华盛顿添置的新房而花费的那笔钱而不安。

麦克纳马拉安慰他说，公司将买下他的房子。但艾柯卡却在想，光是铺设地毯，他和玛丽就花了 2000 美元，这对于当时的他们来说可是一笔不小的支出。于是他希望福特公司能付给他这笔钱，但麦克纳马拉不同意。

他对艾柯卡说："我们只是买房子。但是你不要担心，我们在发放你奖金时将会考虑到你的地毯的事。"

这个主意听起来还不错，但当他回到办公室时，又产生了另一个念头。“这不行，”他想，“我甚至还不知道，如果没有地毯问题的话，我的奖金应该是多少，我怎能肯定他们把这些都考虑进去了呢？”

日后，它成了艾柯卡和麦克纳马拉谈笑的话题。在那个时候，艾柯卡考虑的不是威望和权力，而只是金钱。

罗伯特·麦克纳马拉在第二次世界大战时是一名空军文职军官，11 年前就和他在空军的同事一起来到了福特公司。

他有着非凡的智力和灵敏的反应，艾柯卡说，那是他碰到过的最精明的人之一。他是智力的巨人，有着惊人的记事能力，因此学过的东西能记住不忘。麦克纳马拉不仅对现实了如指掌，而且还善于假设。如果你和他交谈，你会觉得他早已考虑过可以料想得到的各种办法和方案的具体细节。

当要进行很大一笔投资的时候，麦克纳马拉就要斟酌各种不同的方案可能造成的后果。和别人不一样，他的脑子里装有十多种不同的计划，而且能一一讲出所有的事实和数据，无须查看他的笔记。

他教导艾柯卡要把自己所有的想法都写下来，“这样你的效率才会高”。他常常教导艾柯卡，他对艾柯卡说：“你过去可以毫无计划地做你的推销工作，根本不用提前把什么写下来，但现在不同，我们做的都是大生意，有时甚至达到一亿美元。遇到这种情况，你晚上回家就要把你的想法都写在纸上，如果你写不出来，就说明你还没有真正想好怎样去完成这项工作。”

对艾柯卡来说，这是很宝贵的一课。从那以后，他一直遵循麦克纳马拉的教导，不管什么时候，他手下的人一有了新的主张，他都要他们写下来交给他，他不希望任何人单凭悦耳的声音或是个性魅力就想把主张口头推销给他。

麦克纳马拉是一个优秀的生意人，他理解消费者的心理。他坚信要多生产实用的汽车，才能满足人们的基本需要。他认为多数豪华高级汽车的生产要放在次要地位。生产这一类汽车也只是因为它们可以获得高额利润。麦克纳马拉十分精通经理的业务，他的作用对公司来说是举足轻重的。他坚持实行自己笃定的一套做法，尽管同意他观点的人不多。虽然他有当公司总裁的愿望，但他从没有指望能得到这个职务。

有一次他对艾柯卡说："我当不了总裁的，因为我和亨利·福特并非处处看法一致。他对现实的评价是正确的，但对今后的预见并不见得都对。"

艾柯卡觉得麦克纳马拉一定会实现他的目标，因为他是一个意志坚强的人，他始终为自己的信念进行不懈的斗争。

1959 年麦克纳马拉终于使他的新车问世了。这种叫作"猎鹰牌"的汽车是美国最早生产的小型汽车，车价很便宜，因为造价本来就不高。单是头一年，销售量就十分惊人，共卖出 41 万辆，这种情况在汽车销售历史上还没有出现过。

任福特部总经理

麦克纳马拉于1960年11月10日成为公司总裁，艾柯卡也在同一天继任麦克纳马拉的原职务——公司副总裁和福特部的总经理。他们两人晋升之日，正是约翰·肯尼迪当选总统之时。

几天之后，当肯尼迪着手组阁的时候，新当选总统的几位代表飞抵底特律会见麦克纳马拉。除了其他职务外还兼任哈佛商学院教授的麦克纳马拉被任命为财政部长，他没有接受这一任命。然而，肯尼迪对他仍然有着极好的印象。后来肯尼迪重新任命麦克纳马拉为国防部长，他同意了。

虽然“猎鹰”车很受欢迎，但它却没有带来福特公司所预期的盈利。这种价格不高的小车，利润很有限，而且可供挑选的式样不多。这就局限了它的市场份额。艾柯卡就任福特部总经理后，开始考虑要造一种既受欢迎又可以赚很多钱的汽车。在两年内，艾柯卡就把他的这个想法变为了现实。

在艾柯卡36岁时，他成了世界上第二大汽车公司最大一个部门的总经理。虽然如此，他实际上在这个业务遍布美国各地、光福特部就有上万人的大公司里并不十分有名。福特公司有一半职工不知道他是谁，而另一半人也许还不能正确地念出他的名字。

艾柯卡为自己的晋升而兴奋，但他也明白这使他处于一种微妙的境地。一方面，他突然得以主管福特公司最优秀的部门，亨利·福特也已经亲自把福特部总经理的桂冠戴在了他的头上；但另一方面，在他逐步晋升的同时，还有许多年龄比他大、经验比他多的人没有得到提拔。

其中有些人，对于艾柯卡的迅速获得成功心怀不满。另外，作为一个汽车制造公司的高级管理人员，他还没有一个令人信服的成果，从这一点来说，人们就不能指着一辆汽车说："看，这车是艾柯卡造的。"

艾柯卡一上任就非常明白，他必须有使众人心服口服的业绩，必须要推出一款新车。首先，他要必须弄清楚，要实现他的那个造新车的理想，什么是最先要解决的。

他是从福特公司在华尔街的股票想起来的。福特汽车公司在 4 年前就开始公开出售股票。现在，公司为大批股票持有者所拥有，这些股票持有者对公司的生产力以及公司的繁荣兴旺十分关切。像其他公司一样，福特公司每隔 3 个月向股票持有者作一次详尽的财经报告，他们通过报告来对公司进行监督。

既然公司股票持有人有一种一季一查的制度，为什么公司的管理人员不可以有呢？于是，艾柯卡便开始建立起一种新的、直至今天还在执行的管理制度：他定期向一些负有重要责任的部下提问，他也让他们以同样的方式向手下提问，并以此类推。

几个基本问题是：今后 90 天里你的目标是什么？你的计划是如何安排的？你工作的先后次序是什么？你希望取得什么样的成果？你打算怎样实现它们？

每隔 3 个月，每个经理要和其顶头上司坐在一起检查自己在过去 3 个月里的工作，并且制订出下阶段的目标。一旦上下都同意下阶段的计划，经理就用文字记下来，然后由上司在上面签字。

经验证明，把计划用文字写下来是实施它的第一步。口头讲时，你可以模棱两可，甚至是瞎说、言不由衷。但要把你的思想写在纸上就不一样了，你必须考虑一些具体的东西，如项目、步骤、实施方案等。这个时候你既骗不了自己，也难以骗别人。

一季一查制度听起来很简单，如果不考虑其效果的话，则会形如虚设。这种制度之所以有效，有几方面的原因：第一，它使人人有一种主人翁的心理，自己给自己规定目标；第二，它可以使人工作更具有成果，刺激人的主观能动作用；第三，它把下级的新主张传递给上级，做到了上下贯通，使下级的想法及时让上级知晓。

这种一季一查的做法，让上级明白了下级在想什么、在做什么，他该如何面对当前的状况，迫使每个经理冷静下来考虑他们已经完成了什么，下一步准备完成什么以及如何来完成下一步计划等。艾柯卡没有看到过比这个办法更能够促使人想方设法去解决难题的了。

艾柯卡觉得，这种制度的另一种好处，特别对大公司来说，是可以防止人才的埋没。如果每个季度的工作都要受到上司的直接检查，还受到上司的上司们的间接检查，真正有能力的下属就不太容易被埋没。同样重要的是，干得差的人也难于蒙混过关。

最后一点，恐怕也是最为重要的，这种一季一查制度迫使经理同上司进行对话。这样，你就不需要建立一个专门的机构来保证他们之间的定期对话了。这就会成为上下级相互沟通的一座桥梁。

有些经理和他的上司即使关系不融洽，那他们每年也至少有 4 次一起坐下来讨论在今后几个月里要做些什么。他们是无论如何也回避不了这种会议的，天长日久，他们就会逐渐相互了解，他们的工作关系也会随之得到改善。

一季一查的制度按照预定的设想顺利地进行着。艾柯卡对他们说："这是我的管理办法。我会让你们见成效的。这并不是说，你们非得按我的办法做。如果你们有别的办法，可以取得同样的效果，我并不反对。"

艾柯卡还意识到一个问题，因为企业庞大，用什么办法让这么大的一个集体都保持行动一致，都能为一个目标去努力？艾柯卡从一个朋友那里得到了启迪。

有一次，他与一个朋友，一个被人称作神通广大的足球教练文斯·隆巴迪共进晚餐。他问起隆巴迪成功的秘诀。艾柯卡对什么力量能促使一个足球队赢得冠军很感兴趣。那天晚上，艾柯卡发现隆巴迪跟他谈的不仅适合于足球领域，同样也适合于公司管理。

隆巴迪说："你必须从教基本要领开始，让每个运动员都要懂得比赛规则和要领，懂得如何完成他这个位置上的任务。其次，你必须使他服从整体，这是纪律。比赛时全体队员一定要作为一个整体而不是一群乌合之众在场上乱跑。这里没有任何可以容纳个人英雄主义者的地方。"

隆巴迪继续说："有许多教练虽然有一批既懂得基本要领又守纪律的运动员，但还是不能在比赛中获胜。这就得要注意第三个要素了，如果要在比赛中配合成一个整体，就必须互相关心，互相爱护。每个运动员一定要为他的队友着想，他要对自己说，'如果我不上前去对那个人加以阻止的话，我队友的腿也许会断的。为了能让球队获胜，我必须尽到自己的责任。'"

隆巴迪说："平庸与伟大之间的区别就在于运动员互相之间的这种感情，许多人称它为球队精神。当运动员们具有这种精神时，你已经使你的球队立于不败之地了。"

"而且，"隆巴迪又说，"每当一个足球运动员外出踢球，他都必须用整个身心来踢球，从脚掌直至脑袋。当然，有些人踢球时只用脑袋，而有些人从不用脑袋。这就需要教练和其他队员帮他完善自己，如果你的球员都是既有智慧又有满腔热忱，那么你就会总是卫冕成功。"

接着，隆巴迪几乎有意识地说："李，你知道我为什么要向你谈这些吗？你在办公司，但不管办球类俱乐部还是办公司，道理都一样。单凭一个人的力量难道能够造出一辆完整的汽车来吗？"

隆巴迪的话深深地印在了他的脑海里。

他的话当然是正确的。艾柯卡见过许多经理，尽管有聪明才智，但就是发挥不了作用。他们看起来似乎什么条件都具备，但就是在业绩上没有大的进步。他们不是懒汉，他们找到了好工作，工作也很努力，但却一事无成，因为他们总是不能像一个运转完善的机器那样同别人合作。

艾柯卡除了提醒自己时刻要注意这一点外，他总是提拔那些有能力、又懂得和别人和睦相处的人，让他们和自己一起去把所有的人团结在一起。这一点为他在今后大展宏图、团队顺利运转打下了坚实的基础。

除此之外，艾柯卡物色担任公司最高层经理人员的标准是工作勤奋。他们常常干得要比别人预料得多。他们总是为了达到新的目标而不断努力，还设法帮助周围的人做好工作。这就是这些人的特点。

在福特部任总经理时，是他一生中最愉快的时期。对他和同事们来说，这一阶段他们既满怀热情地辛勤工作，又充满了幻想。

在那些日子里，艾柯卡等不到天亮就起来工作；当夜幕降临，他还舍不得离开岗位。他的工作精神带动了他的团队，他们年轻而又自信，把自己看作是艺术家，新的汽车就是他们的艺术品，他们想设计出世界上前所未有的精彩杰作。

尽全力研制新车

1960 年，因为一位年轻的总统上任，美国充满一派乐观气氛。

肯尼迪入主白宫，美国大陆吹起了一股清风，它带给人们一个无声的信息，似乎现在是什么事情都能实现的。肯尼迪与艾森豪威尔形成了鲜明的对比，这种区别可以用一个词来归纳，那就是“年轻”。

当艾柯卡正在为实现自己充满生气的理想开始奋斗的时候，他又有了其他任务。在“猎鹰牌”汽车获得显著成功后，罗伯特·麦克纳马拉又批准开发另一种新车，一种准备在德国工厂生产的“红雀牌”小车。这种车计划在 1962 年秋开始推出，艾柯卡的任务之一就是监督“红雀牌”车的生产。

因为麦克纳马拉比较重视汽车的低耗油和基本运载能力，“红雀牌”被认为是用来同“伏尔加牌”竞争的。同“猎鹰牌”车一样，“红雀牌”车也具有车身小、结构简单和价格低的特点。这两种车都体现了麦克纳马拉一个深信不疑的思想：车只是运载工具，而不是玩具。

在福特部任职几个月后，艾柯卡去设在德国的工厂察看“红雀牌”车的进展。这是他第一次到欧洲，感到有些兴奋。但当他最后看到“红雀牌”车的时候，却没有让他更兴奋的感觉。

艾柯卡认为，“红雀牌”车采用 V-4 发动机和前轮驱动，也许在欧洲市场销路会很好；但是如果在美国，估计计划生产的那 30 万辆无论如何也卖不出去。“红雀牌”车还有车身小、不带行李箱等缺点。虽然这种车耗油少，但这一点当时还不是美国人首先要考虑的。而且车的式样也不新颖，看起来像是和之前的车由一个老年委员会设计的。

艾柯卡从德国回来，马上去了亨利·福特的办公室。艾柯卡告诉他："不能在失败的'埃德塞尔'车之后再次推出'红雀牌'车，以免重蹈覆辙。决不能再生产一种不能吸引年轻客户的新车了。"

艾柯卡强调了年轻一代的购买力越来越强，而这种力量还没有被充分认识。艾柯卡深知，亨利这位自视为追求时尚的老板，并不像他自己认为的那样了解青年人的需求。

亨利看了艾柯卡一眼，说："你和董事们讨论一下，听听他们什么意见。"

艾柯卡后来又去找公司其他高层管理人员和董事们讨论"红雀牌"车的前途问题。给他留下的印象是，整个公司的人都对"红雀牌"车没有主见。年龄大的人希望有一个类似艾柯卡这样大胆的年轻人能够出个主意。这样，如果停止"红雀牌"车的生产一旦成了严重错误的时候，他们谁也不需要为此承担直接的责任。虽然公司已经为"红雀牌"投入了3500万美元的资金，他依然坚持认为，这种车没有销路，我们应当放弃生产"红雀牌"的计划，避免更大的损失。

艾柯卡应当感到欣慰，因为除了负责国际经营部的主任约翰·巴加斯和主计官米勒，大家都接受了他的主张。虽然巴加斯是艾柯卡的好朋友，但他依然希望"红雀牌"能够生产出来，因为它是海外造的。米勒关心的是已经投入的资金。作为一个名副其实的铁算盘，他所看到的主要是，如果不生产，3500万美元将列入那个季度的损失。

"红雀牌"的结束使艾柯卡能致力于自己的计划了。他立即把福特部的一帮生气勃勃、富有创造力的年轻人召集在一起。他们约定，每星期在离办公地不到2000米的费尔兰因饭店聚餐一次。

他们决定在饭店会面是因为艾柯卡想避开一些耽误时间的争吵。因为，有些资格比较老的人总是找茬儿和他吵架，以发泄未能得到提升的怨气，有一些人甚至正盼着他们失败。

而艾柯卡找的这些人中有的虽然有才，却未必是公司里受欢迎的人。时间紧迫，艾柯卡没有工夫和精力耐心地开导这些老爷，所以只好先回避。更何况到目前，艾柯卡还没有能证明他是个称职的副总裁。

产品部经理唐·弗雷就是这个小集体中的关键人物，还有哈尔。其他成员包括搞销售工作的弗兰克·齐默尔曼，公共关系部经理、艾柯卡在福特工作期间的忠实朋友沃尔特·墨菲以及赛德·奥尔森。奥尔森是作家，曾为罗斯福总统撰写演讲稿，“民主思想武库”这个词就是他首创的。

这个小集体被他们自己称呼为“费尔兰委员会”。这些“委员们”朦胧地感觉到，在今后几年内，汽车市场的购买兴趣将发生很大变化，虽然他们无法确切地预测这种情况将在何时发生。

他们还了解到，通用汽车公司已将他们的“科维尔牌”廉价小汽车改装成热门的“蒙萨牌”汽车。改装只是加了一些华丽的附件，例如圆背座椅、变速杆以及一些漂亮的内部装饰。许多人正在考虑购买“蒙萨牌”汽车，这些顾客无疑代表了正在不断增长的汽车市场，而福特公司却拿不出一辆这样的新车来。

此时，福特公司公共关系部不断地收到群众来信，要求生产两辆“雷鸟牌”汽车。对此，他们感到非常惊讶，因为“雷鸟牌”汽车的销路并不好，3 年内只卖出了 53000 辆。不过这些信件告诉他们，顾客的兴趣正在发生着变化。

福特的市场研究人员还证实，青年人将在今后 10 年的人口总数中占有较大的比例。比如说，人口的平均年龄正在迅速下降。第二次世界大战后出生的几百万年轻人将对全国的汽车市场产生影响，成为购买的主力军。

市场研究人员还作了虽不怎么明确但十分有趣的说明。不仅年轻人的数量要比以往多，而且受到高等教育的年轻人也比以往要多很多。他们了解到，受过大学教育的人买车的比例远远高于没有受过大学教育的人。他们预计，大学生的数目到1970年将增一倍。

年龄大的人当中，汽车的购买力也同样在发生有趣的变化。顾客们不单是考虑车的实用价值，也要讲究豪华时尚。

艾柯卡他们得出的结论是："埃德塞尔牌"汽车寻找的是一个几乎不存在的市场，而现在却有一个市场在寻求合适的汽车！一般情况下，底特律的做法是先造出一辆车来，然后设法向顾客推销。但现在艾柯卡所处的情况正相反，为一个需求量很大的新市场生产一种新车，一种人们期待已久的车。

又经过一段时间的调研后，在一次会议上，艾柯卡对大家说："任何能够吸引这些年轻客户的车都必须具有以下几个主要特点：时髦的款式、出色的性能、低廉的价格。一辆新车同时具有这三个特点并不容易。但是我们要是做到了，车的销路一定很好。"

"费尔兰委员会"着手进一步准备关于他们计划要生产的那种汽车的具体要求。

这种车必须是小型的，但不能太小。对于设两个座位的汽车需求量虽有增加，但也只在10万辆左右，看来两个座位的车吸引力不会很大。因此，这种车必须能载4个乘客。

为了便于操作，车的重量要轻，限制在1.5吨以内。此外，它还应当价格便宜，他们计划连同所有附件在内不高于2500美元一辆。

谈到式样，艾柯卡脑子里已经有了一种。那是自从福特公司负责招工的麦考米克·古德哈特先生驾驶那种车到利哈伊校园以来，最令艾柯卡向往的一种。这种车和别的车不同的是它有一个很长的引擎罩和一个很短的后备箱。而长长的引擎罩给人以活力和气势。艾柯卡认为，这种样式肯定会受到人们欢迎的。

它既是跑车，但又不仅仅是跑车，它要与众不同。它是星期五晚上可以带你去乡村俱乐部、星期六去赛车场、星期日去教堂的那种车。

他们想要同时在几个方面吸引客户，一定要让尽可能多的人买，因为价格低廉，唯一出路是薄利多销以保证盈利。他们认为，明智的办法是生产一种基本车型，无须生产几种不同的式样，但有可供广泛选择的附件。这样，客户可以自由选择经济的或是豪华的，但同时它们都是舒适、便于操作的车。

但是问题是，他们能获得这样一笔资金吗？生产一种全新的汽车得投资 3 亿至 4 亿美元。要想获得通过，解决办法只有利用现有车型的部件，以降低生产成本。

艾柯卡想到“猎鹰牌”汽车的发动机、变速器和车轴都有现成的。如果加以利用，就不必从头做起。他们可以利用“猎鹰牌”的部件造这辆新车。这样，只花 7500 万美元就可以生产出一款新车。

1961 年年底，艾柯卡和他的那个委员会已经有个盼望的目标了，那就是纽约世界博览会的到来。博览会定于 1964 年 4 月举行，他们觉得这是向客户推出新车的一个最为理想的时间。

但有一件事也许会让他们错过那个时刻，他们还没有一份新车的设计图样呢！在 1962 年前 7 个月里，设计人员至少设计了 18 种黏土模型，以供挑选。其中有几种模型是令人动心的，但还没有一种完全中意的。

1962 年夏季，如果要参加世界博览会，那么他们必须在 9 月 1 日前对模型取得完全一致的意见。时间迅速流逝。艾柯卡决定在设计人员中进行一次竞赛。

艾柯卡要求这些设计师准备好他们的模型，8 月 16 日那一天接受总经理部的审查。他对他们提的要求是很高的，因为一般情况下不可能在这么短的时间就设计出一辆汽车来。经过两个星期夜以继日的工作，到审查那一天，他们设计出了 7 个模型。

由福特设计室主任乔·奥罗斯的助理戴夫·阿什设计的模型被采

纳了。因为这个模型像只豹，乔和戴夫就叫它“美洲豹”。这个模型为白色车身，红色车轮。“美洲豹”的后保险杠构成了一个小小的后尾，前部的护栅配上新式的设备，又漂亮又神气。

审查后，“美洲豹”模型立即被送到福特设计室进行研究。过了好长时间，他们终于得到关于模型可以被考虑的反馈。但这还不行，还不能真正变成一辆汽车，因为模型还需要在由公司的高级人员组成的设计委员会里通过。

不久就要成为公司新总裁的阿杰·米勒命令对艾柯卡他们这项计划进行研究。他对“美洲豹”的销售持乐观态度，但担心新车的成功会威胁公司的其他小汽车，特别是“猎鹰牌”汽车的利益。他指示进行研究，定出级别，“美洲豹”将销售86000辆。这个数目尚可，从研制模型开始所要花费的大量资金来看，它并不算高。

幸运的是，亨利·福特现在比较倾向于这个计划。同艾柯卡第一次把想法汇报给公司的高级管理委员会时亨利所持的态度相比，他现在已大有变化。

那一次，在艾柯卡的建议只讲到一半的时候，亨利突然站起来说了一声“我要走了”，就离开了办公室。

艾柯卡回到家里对玛丽说：“我的一项最称心的计划今天被人当头泼了冷水。亨利当着我的面退场了。”

艾柯卡真有点受不了。但就在第二天，他得知亨利头一天的突然离开同他的建议没有关系。亨利那天因为感觉不舒服，提早回家了。后来他因患单核白细胞增多而病休了6周。病好回来后，他对许多事情的态度都变得好得多，包括对艾柯卡的新车计划。

大家在给新车取名字上犯了难，总觉得“美洲豹”的名字还是有些不满意。

在广告代理商沃尔特·汤普森手下工作的约翰·康利是一个命名专家。过去他曾经给“雷鸟牌”和“猎鹰牌”命名。

这一次，艾柯卡派他到底特律公共图书馆收集从海豚到斑马各种动物的名字。约翰起了数千个名字，艾柯卡他们把那些名字压缩到6个："野马"、"美洲豹"、"猎豹"、"斑马驹"和"美洲狮"。

"野马"终于成为新车的名字。奇妙的是"野马"并不是马的名字，而是第二次世界大战中一种神奇的战斗机的名字。按照广告代理商的说法，"野马"可以在辽阔的土地上驰骋奔腾，一定会取得巨大的成功。

决定采用"野马"这个名字后，人们又指出，车前作为车的标志的那匹马奔跑的方向错了，它不是像赛马场上的马那样逆时针跑，而是顺时针跑。

艾柯卡对他们说，"因为它是一匹野马，而不是驯服的赛马。不管它朝哪里跑，我敢肯定，它的方向是对的。"

车的外观问题解决了，现在需要决定车的内部装饰问题。艾柯卡认为，即使是经济车也要考虑华丽和实用，所以他们决定车内装有圆背座椅、塑料面装饰和地毯。

此外，这种车将是一种"自己动手"的车。如果客户有钱，可以另买附件和加大马力。如果顾客想要奢华而无力另买附件，他也会感到满意，因为这种车比以前同档次的车要豪华而不增加任何额外费用。

在车还没有生产出来前，艾柯卡他们就开始进行市场调查。在最后的一系列测试中，有一次特别受鼓舞。

他们在底特律地区邀请了50对夫妇参观样品展览。被邀请者的工资收入一般，而且每对夫妇都已经买了一辆中等大小的轿车。这意味着，买第二辆车对他们来说可能性不会太大。他们分批被带去看"野马"汽车的样车，并把他们对"野马"汽车的印象录了音。

艾柯卡发现，白领工人夫妇对"野马"汽车颇感兴趣，而蓝领工人夫妇则认为"野马"汽车太奢侈，是地位与声望的象征。让他们估计车的价格时，几乎每个人猜的数字都比车的实际定价至少高出1000美元。问他们愿不愿买，多数人都说不想买。他们有的说这种车太昂贵，有的嫌车小，也有的担心不好驾驶。

但是当艾柯卡把车的实际价格告诉他们时，奇迹发生了。他们中大多数人说："是真的吗？那为什么不买？我要！"转眼之间，不买的各种借口统统烟消云散，反而提出了许多理由说明值得买。

有一位说："如果我把车在道上一停，我左邻右舍都会以为我发了一笔横财。"另一位说："它看上去不像是一辆普通的车，却可以用普通车的价格买到。"

情况已经一目了然。当"野马"汽车投入市场的时候，必须强调价格低廉这一优势。"野马"汽车最后的定价体现了他们原来规定不高于2500美元的精神。定型的车比原计划长出1．5英寸，加重了50千克，但是保持原价不变，售价为2368美元。

至1964年1月，距离"野马"汽车投放市场仅几个星期的时候，经济形势变得大为有利。他们事后获悉，1964年第一季度汽车销售量达到历史最高水平。而且，国会还准备削减所得税，人们可由自己支配的收入也在增加。

“野马牌”汽车销售旺

在4月17日展览会开幕之前，第一批“野马牌”汽车组装出来了。福特至少设法生产出8160辆，使公司分布在全国各地的每个福特汽车商在4月17日那一天能够至少有一辆“野马牌”汽车在陈列室里与客户见面。

艾柯卡他们在宣传上下足了功夫。一些大学的校刊编辑们被请到迪尔伯恩，把“野马牌”汽车提供给他们使用几个星期。在距“野马牌”汽车参加正式展出还有4天的时候，100名报界人士乘坐由70辆“野马牌”汽车组成的车队参加了从纽约到迪尔伯恩的长途旅行。

长达1100千米的行驶完全证实了“野马牌”汽车性能的可靠。结果，新闻界表现出了前所未有的热情，几百家报刊在显著的位置刊登了大量关于“野马牌”汽车的文章和照片。

4月17日，福特公司各地的汽车商都被客户团团围住。在芝加哥，有一位汽车商因为客户太多而不得已把他的汽车陈列室上了锁。匹兹堡的一个汽车商报告说，一大堆拥挤的人群使他无法把那辆“野马牌”车从洗车槽上放下来。

底特律的一位代理商说，许许多多的人开着跑车来看“野马牌”，那天他的停车场里像是在举行外国车集会似的。

在得克萨斯的加兰，一位福特汽车商遇上了15个客户争相出价买他橱窗里仅有的一辆“野马牌”汽车。结果开价最高的一位买到了这辆车。这位客户甚至坚持要在车里过夜，唯恐在银行转来他的支票以前别人买走这辆车。

在西雅图，一辆装着水泥的卡车从“野马牌”汽车的陈列室前经过，由于司机盯着“野马牌”汽车入了迷，卡车撞碎了陈列室的橱窗。

看来“野马牌”汽车的成功不可质疑。投放市场的第一个周末，就有400万人找公司的汽车商要求买车。公众对“野马牌”汽车如此热爱，让已有心理准备的艾柯卡也始料不及。

对于这样大的轰动，新闻界无疑起了重要的作用。由于沃尔特·墨菲在公共关系方面的不懈努力，“野马牌”汽车的照片同时上了《时代》和《新闻周刊》两家杂志的封面。对于一种新商品来说，这种宣传攻势是空前绝后的。

这两家杂志都预言这辆车会成功。而它们在“野马牌”汽车展出的那一周不失时机地宣传也反过来证明这两家杂志的预言是正确的，从而提高了杂志的声誉。艾柯卡相信，单是《时代》和《新闻周刊》，就帮助他们额外多销了10万辆车。

两家杂志的封面文章胜过两个巨大的商业广告。《时代》杂志告诉它的读者说：

> 艾柯卡绝不仅仅是生产出了一种新车而已。“野马牌”汽车有长长的引擎罩，短短的货舱，酷似美国的跑车迷们崇尚的欧洲赛车。
>
> 而且，艾柯卡还使车的性能更灵活，价格更合理，选择性更大。因此，“野马牌”汽车将吸引2/3的美国客户。它的价格压低到了2368美元，它的座位又可以容纳一个4口之家。看来，“野马牌”汽车必定成为一流跑车，不仅对跑车迷们富有魅力，对广大群众也同样富有魅力。

就连艾柯卡自己，也从来没有把它说得那么好。

汽车专业报纸也显示出不小的热情。《汽车生活》的一篇报道是这样开头的："人们长久以来渴望买到的一种车现在生产出来了。"甚至平时对底特律不感兴趣的《消费者报》也说，"野马牌"汽车"虽然在那么短的时间内以那么快的速度生产出来，但你挑不出任何装配技术拙劣或工艺粗糙的毛病"。

此外，他们还紧锣密鼓地在全国范围内进行了一些其他宣传活动。他们在全国 15 个最热闹的机场和全国 200 家度假旅馆的门厅里都陈列了"野马牌"汽车。

仅仅几个星期以后，艾柯卡就感到有必要再开一家汽车厂。最早的设想是，"野马牌"汽车头一年可销出 75000 辆。但是计划不断增加，"野马牌"汽车还没投放市场，计划就到了 20 万辆。如果要生产更多的车，就必须说服公司高级经理们把加利福尼亚圣何塞的一家工厂改成生产"野马牌"汽车的专厂。

"野马牌"汽车供不应求，使福特公司很难搞清到底最多能推销多少辆。所以在"野马牌"汽车销售后的几个星期，弗兰克·齐默尔曼在俄亥俄州的代顿做了一个测试。这个地方是通用汽车公司的市场，它有几个厂设在代顿，人们称代顿为"通用汽车公司之城"。

结果是令人惊异的。"野马牌"占据了代顿城 10% 的市场。9 月，福特公司开始动手把圣何塞工厂正式改成生产"野马牌"汽车的专厂。

福特公司年生产"野马牌"汽车的能力达到了 36 万辆。很快他们又把新泽西州梅特琴的一家工厂改成生产"野马牌"汽车。当然，改造这两个工厂花费了很多资金。但是福特公司必须这么做，因为在"猎鹰牌"汽车上他们已经吃了亏。当时，由于福特眼光短浅，致使工厂的生产能力无法满足市场需要。他们决心不能再次犯这样的错误。

买"野马牌"汽车的人数不断创纪录。配件正在迅速减少。客户买"野马牌"汽车像是伐木工进了瑞典供应开胃食品的餐馆一样急不可待。有80%以上的客户定购白壁轮胎，80%要车里有收音机，71%要8缸的发动机，50%要买自动换挡装置。几乎每辆已经售出的“野马牌”汽车中，都带有计速表和时钟。每辆售价不过2368美元的汽车，而卖出附件的价格每辆车平均达到了1000美元！

艾柯卡心中原来定了第一年的销售指标。“猎鹰牌”汽车在第一年的销售纪录是417174辆，“野马牌”只要打破这个纪录就行。他们的口号是：“到‘野马牌’汽车的诞生日4月17日卖41.7万辆‘野马牌’汽车”。

1965年4月16日深夜，加利福尼亚的一个年轻人买了一辆红色的有活动折篷的“野马牌”汽车。这是售出的第41万辆。这样，“野马牌”第一个年的销售量就创了新纪录。“野马牌”汽车仅第一年创造的净利润就达到了11亿美元。

“野马牌”汽车销售几个星期后，福特公司收到客户大量的表扬信。艾柯卡常常看客户来信，以往多数人写信给厂方都是因为车子有问题。而对于“野马牌”汽车，人们写信是为了表达他们的谢意和激情。艾柯卡收到唯一的一封表示不满意的信是抱怨“野马牌”汽车供不应求，要等好长时间才能买到。

在“野马牌”汽车投放市场的第四天，艾柯卡收到一封布鲁克林的客户来信，这是他最欣赏的来信之一。

信中说：“我对汽车并不内行，自从多数牌号的汽车达到饱和状态以后我就不在汽车行业工作了。而且纽约根本不是该买车的地方。

“有些养狗人让狗在车轮上撒尿；贫民窟的小孩盗走轮轴帽；由警察发停车条；鸽子在车上栖息等。街上也是乱七八糟，公共汽车挤你，出租车撞你，而室内停车还要押金。汽油费要高于其他城市30%，保险费高得令人咋舌。纽约的商业地区拥挤不堪，华尔街周围通行困难，要去新泽西更不可能。”

信的最后说：“而我一旦有了钱，就一定买辆‘野马牌’汽车。”

在对“野马牌”汽车买主进行的调查中，艾柯卡发现他们的平均年龄为31岁，但每6个人当中有一人是在45岁至54岁之间。这说明，买“野马牌”汽车不局限于年轻人。几乎2/3的买主都已婚，有一半以上的买主受过大学教育。

“野马牌”汽车推出不到一年，就出现了几百家“野马牌”汽车俱乐部，还有“野马牌”太阳镜、“野马牌”钥匙链、“野马牌”帽以及“野马牌”玩具，真是五花八门，应有尽有。甚至一家面包店的窗口写着：“我们的煎饼像‘野马牌’一样畅销。”

艾柯卡到欧洲旅行过54次。

有一次，当他乘坐公司的飞机飞越大西洋时，他睡着了。那是一个星期天的早晨，飞机飞过大西洋上的冰山之路，也就是当年“泰坦尼克号”轮船沉没的地方。海上有一艘气象观测船对过往飞机发布天气预报。

福特公司的机组人员通过无线电询问气象船：“天气怎么样？”

船上的气象观测员回答说：“我站都站不稳。天气很恶劣，这里的浪得有五六米高。”

接着，机组人员在无线电里同他攀谈起来。这位气象观测员知道了他们是福特公司的人以后马上就说：“我买了一辆‘野马牌’汽车。艾柯卡在飞机上吗？”

这时候，一架荷兰皇家航空公司的班机正在他们附近飞行，机上的驾驶员插进来说：“注意，这是艾柯卡乘坐的福特公司的飞机吗？我要同艾柯卡通话。”

接着，一架泛美航空公司的飞机也飞过来，参加了空中谈话。

这些都发生在艾柯卡睡着的那一会儿工夫。驾驶员走进机舱对艾柯卡说：“您有电话。一艘气象船和两架飞机同时要和你通话。”

艾柯卡回答说：“什么事那么神圣？现在是星期天的早晨。我真是一时一刻都不能避开这种‘野马牌’狂热！”

豪车成了摇钱树

“野马牌”汽车的大获成功使艾柯卡不到一年就得到晋升。

1965年1月，艾柯卡出任公司的轿车和卡车系统副总经理，负责福特部和林肯—默库里部这两个部门的轿车和卡车的计划、生产和销售工作。

艾柯卡的新办公室就设在玻璃大楼，公司里的人把这座楼称作世界总部。他终于成了一个“大人物”，而同公司的其他几个高级官员一样，每天有机会和亨利·福特共进午餐。

在艾柯卡眼里，亨利·福特一直是一个不折不扣的大上司。他现在突然变得每天都要和他见面。他不仅是高级经理圈子中的一员，而且是后来居上者，一个负责“野马牌”生产的年轻人。

作为两个部门的副总经理，艾柯卡有许多新的任务和工作，特别是广告和宣传方面。但是亨利说得很清楚，他的主要任务是“把‘野马牌’汽车的成功带到林肯—默库里部来”。

多少年来，林肯—默库里部是福特公司的一个薄弱环节，成了公司其他部门的负担。这个部门创建于20世纪40年代，但是过了20年，它还不能自食其力，人们甚至议论纷纷要把这个部撤掉。

林肯—默库里部主要生产高档轿车。公司指望已经买了福特部轿车的客户最后会买“默库里牌”汽车或者“林肯牌”汽车。

希望归希望，实际上多数买了福特部汽车的顾客并没有再买林肯—默库里部的车。买得起高价汽车的客户中更多的是转向通用汽车公司的高级轿车。这样，我们实际上是为通用公司生产的豪华汽车揽来更多的买主。

艾柯卡对林肯—默库里部进行了一系列调查研究后，找到了问题所在。这里生产的车难以激起人们的兴趣。不是它们的质量不佳，而是缺少鲜明的特点。例如“彗星牌”汽车和“猎鹰牌”汽车很相似，只不过装饰得更漂亮一些，“默库里牌”汽车和福特部的产品相像，就是大一些罢了，缺乏自己的特色，这些都是林肯—默库里汽车的致命弱点。

多年来，林肯—默库里汽车的销路一直不佳。“林肯牌”汽车想与通用公司的“卡地拉牌”汽车竞争，但“卡地拉牌”汽车的销售量总是以大约5比1超过“林肯牌”汽车。“默库里牌”汽车也同样销路不佳，竞争不过通用汽车公司的类似轿车。至1965年林肯—默库里部实际上已经瘫痪，急需重整旗鼓。

人们把责任都推给汽车商，这往往是最容易的，但是很不公平。事实上，直至1965年还能继续生存的汽车商是很不错的，因为他们手里没有一流的好产品。他们现在士气低落，需要把他们的积极性调动起来。他们需要有一批新的地区销售经理，也需要玻璃大楼里有人真正关心他们的利益。

他们最迫切的是需要新产品。艾柯卡上任后，马上投入了紧张的工作。在他的主持下，至1967年，林肯—默库里部准备推出两款新车。其中“美洲豹牌”汽车是一种豪华的跑车，意在吸引那些想购买比“野马牌”更豪华一些车型的顾客。“侯爵牌”汽车则既大又豪华，可同通用公司的“别克牌”和“奥尔兹牌”竞争。

问题是林肯—默库里部的主任加·劳克斯居然不愿意“侯爵牌”汽车带上默库里几个字。在他看来，“默库里牌”这个名字简直是死别之吻，无论是什么样的一辆好车，用了这个名字也会卖不出去。艾柯卡只好说服他，从“侯爵牌”汽车开始，要把林肯—默库里部的形象改变过来。

要引起人们对这两种新车的兴趣，很重要的一点是要让新车以戏剧性的方式同汽车商见面。八九年前，一年一度为底特律的新型号汽车举行与顾客首次见面日的时候，汽车商和观众都把它看作是一件大事。

在这一天到达以前，汽车商先把新汽车遮盖起来。年轻人往缝里张望，都想先睹为快。

过去福特公司每年都在拉斯维加斯安排一些由汽车商举行的大型展览会，现在早已不见了。那时每逢夏季，他们总要花几百万美元筹办一次大型展览会，借此机会宴请汽车商，展销新型汽车。在这样的展览会上，汽车从喷泉里喷出来，小姑娘从汽车里跳出来，其间还夹有许多烟幕弹、闪光灯等，使人目不暇接。

这种展览会胜过百老汇的表演，不过明星不是演员而是汽车。

20 世纪 60 年代时，他们常常组织商人旅游，作为对他们的激励。不管商人们多么富有，有计划地组织他们到平时不容易去的地方去游览，总是受欢迎的。这些旅游往往很成功，许多商人之间的关系也变得更为融洽，因此他们的士气更高、责任心更强了。

这些活动常常由艾柯卡做东。对他来说，旅游是同许多汽车商短期接触的大好机会，同时也是把工作和消遣结合起来的一种极妙的做法。

1966 年 9 月，林肯—默库里计划为那些完成了一定销售任务的汽车商组织一次盛大的海上游览活动。他们以每天 44000 美元的价格租用了“独立号”轮船，从纽约开航前往加勒比海峡，准备在那里推出新车型。

第二天当红日喷薄而出时，全体代销商人都集中在船尾，到了预定的时间，几百个五彩缤纷、带有 1967 年“默库里牌、侯爵牌”汽车字样的气球飞向天空。艾柯卡和林肯—默库里部的新头头马特·麦克劳克林一起，把这辆全新风格“默库里牌、侯爵牌”汽车，展示给代销商们。

两天以后的傍晚，在圣托尔斯岛上，他们又展出了“美洲豹牌”。一簇簇耀眼的火把照亮了海岸，一架第二次世界大战时用过的登陆艇缓缓驶向岸边，舱门打开了，观众们屏住呼吸看着在火光下闪闪发亮的白色“美洲豹牌”汽车开上海岸。

车门打开了，歌唱家维克·达蒙走出来为大家表演。这一次为新产品举行的精彩推广活动，令人难忘。

过了这么多年，代销商们终于又见到了值得为之兴奋和激动的汽车，他们非常喜欢“美洲豹牌”。像“野马牌”汽车一样，“美洲豹牌”外表华丽，有一个长长的引擎盖和一个短短的后箱。

不出所料，“美洲豹牌”很快取得成功，成了林肯—默库里部显著的成绩。现在，一辆保存完好的1967年型“美洲豹牌”汽车已成了一种珍品。

在艾柯卡家中的资料室里，仍然保留着作为新车标志的“美洲豹牌”的一个压铸件。这是设计师们把它装在一个胡桃木盒子里送给他的，盒上的一个纸条写着：“不要犹豫不决。不要别的，就要‘美洲豹牌’这个名字。”这个请求他当时没有答应。但是几年以后艾柯卡还是在一辆新车上采用了“美洲豹牌”这个名字。

“美洲豹牌”成了成功的象征，以致宣传广告部建议以这个形象作为林肯—默库里部的标志。最后，它成为林肯—默库里部为自己创立新特色的十分重要的一步。不久，一个下方有“林肯—默库里”几个字的美洲豹形象就像福特公司的椭圆形和克莱斯勒公司的五星一样为人们所熟悉了。

艾柯卡认为，如果你想给一样东西闯牌子，你首先要让别人知道这种牌子的东西是谁生产的。就像哪里有麦克唐纳的名字，那里就可以买到汉堡包一样。

在没有美洲豹图案前，许多人从未听说过林肯—默库里，而现在几乎人人皆知了。

至于“侯爵牌”汽车，大家认为，销路好的关键是开起来顺当、轻快。在行驶方面，“侯爵牌”汽车的工程技术达到了新的水平，堪称世界上最平稳、舒适的小汽车。经过一次让顾客蒙着眼睛乘坐不同车型的测试，大家一致认为，它的平稳性要超过当前价格比它昂贵很多的其他汽车。

不久，广告部设计出了一些效果很好的广告。其中一个广告是，“侯爵牌”汽车中悬挂着一个盛满烈性酸的容器，容器的下方是一件价格昂贵的皮外套；另一个广告是，前座上放了一个唱机，正在放着唱片；第三个广告是，理发师正在汽车里给足球运动员巴特·斯塔尔剃胡子；在第四个广告里，汽车的后座放着一个盛着硝酸甘油的容器。为了显示这是真的，在这个广告结束的时候，他们炸毁了这辆汽车。

人们很快接受了“侯爵牌”汽车，因为它的确像广告中所说开起来既平稳又舒适。

“侯爵牌”和“美洲豹牌”汽车成功推向市场以后，默库里部的生产和销售情况好了起来。但是艾柯卡还是不满意，他想生产一种“林肯牌”新车，同通用公司销售很好的“卡地拉牌”汽车竞争。

有一次，艾柯卡在加拿大参加一个会议。一天晚上，他躺在旅馆的床上，翻来覆去，难以入睡。突然间，他有了一个主意，于是打电话给在美国的总设计师吉恩·博迪纳特说：“我想在‘雷鸟牌’汽车的前部装上‘劳斯莱斯牌’式样高级铁栅。”

当时，林肯—默库里部曾推出一种4门“雷鸟牌”汽车，但销售情况极差。艾柯卡计划利用“雷鸟牌”汽车的平台和发动机，甚至是顶盖，生产出一辆全新的车型，但要使它看起来不是“雷鸟牌”汽车的翻版。

在艾柯卡设想新车的时候，回忆起了过去的一件事。

20世纪30年代末期，福特公司生产过一种“马克牌”汽车。虽然这种车既豪华噪声又小，但只有很少一部分人对它感兴趣。至 20 世纪 50 年代中期，又生产出了“马克第二牌”。这两种车在美国都是一流的汽车，但很少人能买得起。

艾柯卡认为应该恢复生产“马克牌”汽车，制造一种在“雷鸟牌”汽车的基础上进行较大改造的“马克第三牌”。它要成为一种富有想象力的大型车，而且具有鲜明的特点。

1968 年 4 月，他们成功生产出“马克第三牌”。第一年的销售量就超过了“卡地拉牌”汽车，实现了艾柯卡的夙愿。以后的 5 年里，“马克第三牌”显示出强大的号召力，部分原因是车的价格便宜，因为他们利用了很多原有的零件和图纸。

在“侯爵牌”、“美洲豹牌”、“马克第三牌”这几种汽车以前，林肯—默库里部实际上每生产一辆豪华车都要赔钱。他们每年只卖出 18000 辆“林肯牌”汽车，甚至补偿不了大笔固定费用。

有句老话说对了：大车厚利。他们每卖一辆“马克第三牌”就相当于过去卖出 10 辆“猎鹰牌”汽车，这种车的盈利达到令人惊叹的 2000 美元一辆。钱迅速地、源源不断地进来，最好的一年单是林肯部就盈利将近 10 亿美元，艾柯卡又一次获得了极大的成功。

1971 年，林肯—默库里部又生产了“马克第四牌”汽车。后来他们一直在生产“马克牌”系列汽车。“马克牌”系列汽车犹如通用汽车公司的“卡地拉牌”，成了福特公司的摇钱树。

任福特公司总裁

在林肯—默库里部生产“马克第四牌”车的时候，艾柯卡已经实现了他年轻时的愿望，出任福特公司的总裁、总经理，成为地位仅次于福特老板的第二号人物。

1970 年 12 月 10 日，福特公司总部大厦在雪后阳光的照耀下，更显壮观和挺拔。温暖如春的会议室里，亨利·福特正在主持召开董事会议。

“董事会全体通过，任命李·艾柯卡先生为福特公司总裁。”话音刚落，会议室里响起了热烈的掌声。

艾柯卡得到了一份了不起的圣诞礼物。他给玛丽打了电话，然后又告诉了在艾伦敦的父亲。他肯定这一天会是父亲一生中最快乐的日子。

在这之前艾柯卡却因一件事差点儿从福特公司辞职。当时，通用汽车公司有一位声望颇高的副总经理西蒙·努森。努森毕业于麻省理工学院，专修工程技术，44 岁就当上了通用公司庞蒂亚克部的主任，因而成了该公司历史上最年轻的一个部门负责人，在底特律十分引人注目。

努森的父亲曾经是通用汽车公司的总经理，在他父亲退休时，努森期望他也能步父亲后尘担任这一职务，但通用汽车公司还是选择了别人。努森明白，他在通用汽车公司的前程已经到头了。

对通用公司赞不绝口的亨利认为，努森的脑袋里集中了闻名遐迩的通用汽车公司的全部智慧。因此，当他听说努森想要辞职的时候，立即联系了他。

一个星期后，亨利给了已经当了 5 年总经理的米勒一个副董事长的虚职，让努森接替了福特公司总经理的职务，年薪60万美元，和亨利一样。

努森上任是在1968年感恩节期间，艾柯卡正在和家人度假。亨利办公室给他打来电话，催他第二天回去。公司还专门派了一架飞机来接他。

在亨利看来，努森将给公司带来一笔财富，就是那些关于通用汽车公司的经验。他对艾柯卡说："你看，你还是我的人。但你还年轻，很多方面还需要学习。"他明显地暗示，只要艾柯卡耐心等待，将来会得到巨大的补偿。

过了几天，董事会成员之一、华尔街传奇人物西德尼·温伯格给艾柯卡打来电话。温伯格是亨利多年的好朋友，对艾柯卡非常赞赏。

西德尼讲述了他听到了的一些传闻：通用公司对努森的离开暗地里很高兴。通用汽车公司的一位高级执行官甚至对温伯格说："你们解决了我们一个老大难问题，真是谢天谢地，亨利要了他。"

西德尼对艾柯卡说："如果努森像他们所说的那样，他的职务很快就会成为你的。"

艾柯卡并不十分相信这个位置很快就会轮到他。他正急于登上峰巅，尽管亨利和其他人安慰他，但努森的到来对艾柯卡来说还是一个沉重的打击，这让他气愤和失望到了极点。他很想当总经理，他不认为自己还有许多东西需要学习。因为他已经通过了公司的各种考验，而且每次都独占鳌头。

之后的几个星期，艾柯卡一直严肃地考虑辞职问题。克莱斯克拉夫特公司的总经理、毕业于利哈伊大学的赫伯·西格尔在这时曾邀请艾柯卡加盟。赫伯想把克莱斯克拉夫特公司扩大成为一个大型联合游乐企业。他很看重艾柯卡在福特公司做出的成绩。

赫伯说："如果你在福特公司待下去，你得永远听凭亨利·福特的摆布，既然他可以蠢到不让你当总经理，就还有可能再一次伤害你。”

艾柯卡动心了。他甚至开始在纽约和康涅狄格找房子了。玛丽也愿意回东海岸去，她高兴地说：“我们至少又可以吃到海鲜了。”

最后，艾柯卡还是决定留在福特公司。他热爱汽车业，热爱福特公司。他简直不能想象在别处工作如何适应。在艾柯卡看来，亨利对他还是很不错的，他的未来至少看起来还是光明的。

努森的任命一公布，许多担任公司高级职务的人对通用汽车公司的人来当他们的上司感到很别扭。艾柯卡的心情尤其难以平静，因为他听说努森要把原来一个手下带来代替他的职务。

艾柯卡和他的同事们相信，通用汽车公司的一套管理制度在福特公司未必有效。但在亨利看来，只要努森在玻璃大楼里待着，福特公司就会像通用汽车公司那样获得成功。

亨利并未如愿。福特公司自有一定经营理念，那就是喜欢行动迅速，说干就干，而努森根本不适应。而且，行政管理也不是他的擅长。艾柯卡很快就看明白，通用汽车公司未提升努森当总经理不无道理。

努森一上任就开始增加“野马牌”汽车的重量，增大它的体积。努森本人极喜欢赛车，但他却不明白赛车运动的热潮已经过去了。他还着手对“雷鸟牌”汽车重新进行设计，把它弄得像一辆通用公司的“庞蒂亚克”，这完全是一个大灾难。

努森虽然身为公司总经理，但却没有什么影响力。他从通用公司带来的任何一个高层领导都不能帮助他实施他的计划。而福特公司的人，几乎没有对他忠心的，因此他没有任何基础。就这样，他觉得自己处在一种陌生的、与自己格格不入的环境里，形单影只，孤掌难鸣。

另外，努森试图抛开福特公司原来的体系来管理福特。他疏远艾柯卡和公司的其他许多高层领导人员，并经常剥夺他们决策的权力。

福特和通用从一开始就是两个截然不同的公司。通用汽车公司向来慢条斯理，设有10多个委员会和层层叠叠的管理机构。相比之下福特公司更富有竞争气氛，能迅速做出决定，很少推诿扯皮，更体现了务实的企业家精神。

努森在通用公司这个慢条斯理、按部就班的环境里干得很欢，可是到了福特，他如同鱼儿离开了水一样，扑腾不开了。

努森只干了19个月。亨利也意识到，一个汽车公司的成功经验未必适合另一个汽车公司。

在福特公司，还有一件事必须要注意，就是同这位老板的关系不能太密切。查利在几年前就劝告艾柯卡说："离亨利远一点。记住，他的血是蓝的，而你的血跟普通人一样，是红的。"努森力图向亨利表示亲近，这就大错特错了。

对于这件事，艾柯卡的心情很复杂。一方面，对努森的走他是高兴的，但同时又对他十分同情。艾柯卡不希望公司的任何一个总经理会是这样的结局。

他突然冒出一个念头：我会不会也有这么一天？那天晚上，艾柯卡和玛丽一直谈至深夜。

玛丽说："对于这么一个老板，你为什么不辞职呢？"虽然艾柯卡又一次产生了动摇，但他又一次决定还是留下来。

努森被解雇那一天，公司上下兴高采烈，香槟酒喝掉不少。公共关系部里有人说了这样一句话："亨利·福特一世曾经说过，历史是骗人的空话，今天努森就是历史。"这句话后来很快传遍了整个公司。

努森已经走了，但亨利仍不准备把总经理的职务给艾柯卡。他设立了一个由3人组成的总经理办公室，由艾柯卡牵头。艾柯卡负责福特公司的北美地区业务，罗伯特·史蒂文森任国际业务负责人，汉普森领导非汽车性业务。

但是，三驾马车没有维持多久。第二年，即1970年12月10日，艾柯卡终于如愿以偿：当上了福特公司总裁。

在艾柯卡开始任总裁时，福特公司大约有43.2万名雇员，需付的工资总额达35亿美元。仅在北美地区，一年就要生产将近250万辆小汽车和75万辆卡车。供应海外的总数达到150万辆。1970年福特公司的销售总额达到149亿美元，盈利5.15亿美元。

5.15亿美元看着不少，但它只占总销售额的3.5%。在20世纪60年代初期，福特公司的利润从未低于5%。艾柯卡下决心要重新达到这个目标。

众所周知，要多盈利只有两个办法：或者多销售，或者少开支。艾柯卡对当时福特公司的销售量是比较认可的，通过对公司内部管理工作的仔细检查，他相信可以大大缩减开支。

新官上任三把火。艾柯卡做的第一件事是召集高级管理人员会议，讨论一项减少费用的计划。他把这项计划叫作“四个五千”，即在4个方面分别减少5000万美元的开支。这4个方面是：减少机器故障、防止产品复杂化、控制设计费用和革除陈旧的经营方法。

艾柯卡认为，如果他们能在3年内实现这个目标，利润增加2亿美元，在汽车的销售量一辆也不增加的情况下，总利润几乎增加了40%。

福特公司确实有很多地方需要改进。例如，工厂每年都要花两周的时间为下一年生产新型号汽车做准备。在这段时间里，工厂不开工，机器和工人都闲着。

通过更有效的计算机程序的规划和更严格周密的时间表的制订，两周的交接期可以压缩到两天。当然这并不是一夜之间就能办到的，但是到了1974年，他们的工厂可以用一个周末的时间就做好交接工作。

能够节省费用的另一个方面是运输。货运费用只占总支出很小的一部分，不过对于每年5亿美元那样一笔巨额运输费用来说，即使节省的只是0.5%，那也有250万美元呀！

在这方面艾柯卡也做了仔细调查，他发现铁路是按货物的数量而不是货物的重量收费，而福特公司过去并没有在意。

于是，艾柯卡让人把车厢安排得更紧一些。为了使更多的汽车装上火车，他们设法把每辆待运汽车之间的安全距离减少5公分。后来艾柯卡又想冒一下险，通过空运来压缩仓库储存费。

艾柯卡还增设了一个“甩包袱”的项目。

在福特这个大公司里，有几十种业务或者亏损，或者盈利甚微。他始终认为，一家汽车公司的每一项业务的好坏都可以用盈利的多少来衡量。每家工厂的经理都知道，或者都应该知道，他的工厂是在为公司赚钱呢，还是生产出来的东西所花的费用比在外面买还要贵。

因此艾柯卡宣布，每个经理要在3年之内使他的部门盈利，否则就把他的部门出卖给别人。道理很简单，就像一家大百货商店的经理指着一个门市部说：“那里亏损太大，我们关了它。”

最大的亏损部分出在公司于1961年买进来的菲尔科器械和电子公司。买菲尔科公司是个大错，它每年亏损几百万美元，直至10年之后才开始盈利。许多高层经理人员当时都反对买这家公司，但是亨利坚持要买。在福特公司，只要亨利想要的，都必须弄来。

在20世纪70年代初期，他们一共放弃了大约20个亏损部门，其中一个是生产洗衣机的。至今艾柯卡还不知道洗衣机部门怎么搞成这个样子，10年来它从没有为福特公司挣过一分钱，所以他们最终甩掉了这个包袱。

削减开支、减少亏损成了艾柯卡工作的一个新的领域。他原来主要关注销售和设计，但作为总经理，他首先要想方设法减少成本，增加利润。因此，艾柯卡赢得了那些过去常常对他持不信任态度的铁算盘们的尊敬。

作为总经理，艾柯卡现在承担着多种不同的责任，因此他必须学会不同的工作方法。虽然他不愿意承认，但是实际上他已经不具有生产“野马牌”汽车那个年月的精力了，那时候他晚饭只吃一个汉堡包，一直在办公室待到深夜。

过去，他在一两个星期内都腾不出时间来给人回电话。但是现在他觉得，保持头脑清醒，以一种健康的精神状态出现在大家面前更加重要。

现在他用了一个专门的司机，不再自己开车回家。他可以利用回家往返路上的时间看书和写信。他还保持过去的老规矩：除非离开本市外出了，周末的时间他都和家人同享天伦之乐。直至星期日的晚上他才打开公文包，在书房里看材料和计划下周的工作。星期一早晨，他赶紧回公司。他对手下的人要求很严，他发现，只有上司高效率才能促使下面也高效率。

在艾柯卡任福特公司总经理期间，常常有人对他说：“把全世界的钱都给我，我也不愿意当你那个总经理。”他无言以对。他喜欢这个职务的工作，尽管许多人认为爬得高摔得痛，最后会置于死地。但他从来不这样看。对他来说，这是最激动人心的挑战。

当上总经理后，他也确实有过遗憾。他作了多年的努力，终于攀上了峰巅。而一旦攀上了峰巅的时候，他又不知道自己为什么要赶得如此匆忙。他还只 40 多岁，他不知道今后还能不能有新的突破。

他喜欢总经理的权威，但作为一个人总是祸福皆有。一个星期五的早晨，他坐车去上班。收音机在播放节目，他似听非听地看着别的东西。突然一个播音员的声音打断了正在广播的节目，播出了一份特别新闻公报：包括艾柯卡在内的一些高级企业领导人已经成为曼生“家族”刺杀的目标！

这个令人震惊的消息来自与弗罗姆同屋住的桑德拉·古德。弗罗姆女士由于企图在萨克拉门托暗杀福特总统已被逮捕归案。

虽然这些也许不能构成什么实际的危险，但也确实让艾柯卡害怕了一些日子，他倒不是为了自己，而是担心家人的安全。

玻璃大楼的烦恼

艾柯卡认为总经理是这个世界最好的职位，他从不想抱怨太多。对于艾柯卡来说，如果亨利是帝王，他就是王储。毫无疑问亨利是喜欢他的。

有一次，艾柯卡设家宴招待亨利及夫人。亨利在艾柯卡的父母面前称赞他是如何了不起，并且说没有他就没有福特汽车公司，大家一直聊至深夜。有时，亨利还带艾柯卡去见他的好朋友。他确实认为艾柯卡是他的接班人，也以接班人来对待他。

那是玫瑰和美酒的时光，玻璃大楼里的高级经理人员都过着皇宫贵族般的日子。在某种程度上说来，甚至还要超过皇宫贵族，享受他们享受不到的东西。白领侍者 24 小时随叫随到，他们一起在专设的餐厅里用餐。

它不是普通的餐厅，而是全国最高级的餐厅之一。英国的多佛鱼每天都运来。不管在哪个季节，吃的都是最好的水果。还有特制的巧克力、奇异的鲜花——应有尽有。而这一切都由训练有素的白领侍者殷勤服务。

一些人议论起这些午餐到底要花公司多少钱。于是就进行了解。结果发现实际上每顿饭每人要花掉 104 美元！

在这个高级职员餐厅里，从特制牡蛎到烤松鸡，要什么有什么。连亨利都说，家里那个年薪为三四万美元的私人厨师，都做不出这样好的汉堡牛排来。

在艾柯卡当总经理之前，他很少和亨利直接接触。但现在他的办公室就在他的隔壁，他们经常见面，虽然只是在开会的时候。对亨利越熟悉越了解，越觉得亨利的固执、刚愎自用会给公司发展带来许多不利，艾柯卡担心公司的前途，当然也包括他自己的前途。

玻璃大楼是个皇宫，而亨利就是至高无上的皇帝。只要他一迈进这座大楼，人们就会说：皇上驾到。经理们在大厅里徘徊着，希望能遇上一面。如果运气好，亨利先生可能会注意到他们，并打个招呼。但更多的时候是不屑一顾。

每当亨利步入会场，气氛就会骤变，因为他掌握着大家的生杀大权。他可以突然说“让他滚蛋”，他也经常这样做。如果不广开言路，福特公司再有前途的事业也会蒙上阴影。

亨利重视一些表面化的东西。他以衣帽取人。如果有人穿了件好衣服，再加上说话动听，亨利就会对他产生好印象。否则别想出人头地。

有一次，亨利命令艾柯卡解雇一位经理，根据他的判断，这位经理在搞同性恋。

艾柯卡对他说：“别犯傻了，这个小伙子是我的好朋友，他已结婚，还有孩子。我们常在一起吃饭。”

亨利还是说：“不要他！他搞同性恋。”

“你能否说具体点？”艾柯卡说。

“你瞧他的牛仔裤，多紧。”

艾柯卡平静地说：“亨利，裤子紧又有何相干呢？”

亨利说：“他很古怪，女里女气。不要他。”

最后，艾柯卡不得不失去一个好朋友。他每时每刻都在痛恨这件事，但是当时除了开除他别无他法。武断专横不仅是亨利性格上的一大弱点，更可悲的是他自己信仰这种权术。

艾柯卡担任总经理后不久，亨利曾对他讲过他的管理哲学。他说：“谁在你的手下干活，不要让他过得太舒服，不要让他称心如意，不要让他想得到什么就得到什么。与此相反，要让他们因猜不透你而焦急不安，失去平衡的状态。”

亨利对有些事往往神经过敏。例如，凡事他都不愿意留下文字痕迹。艾柯卡和他合作将近8年，在艾柯卡保存的档案材料中从未留下过亨利的签名。亨利常常说，他从不保存任何文件，以免被人抓到把柄，所以他经常不断地烧毁文件和记录。

他对艾柯卡说：“这些东西有百弊而无一利。谁保存文件记录就是自找麻烦，如果被不该看的人看到，不是你个人就是公司倒霉。”

水门事件对他触动很大，此后他变得更为谨小慎微。他说：“看见了吗？我的话是对的，什么事都可能发生！”

有一次他来到艾柯卡办公室。当他看到艾柯卡的许多笔记本和卷宗时，他说：“你疯了？干吗要保存这些材料？到时你会倒大霉的！”

亨利遵循祖父的座右铭：“历史是骗人的空话。”他对此确信无疑。他采取的态度是：销毁一切可以销毁的东西，不留痕迹。

在艾柯卡任总经理期间，有一次亨利请著名的意大利摄影师卡什替他照相。和往常一样，卡什的照片拍得很好。亨利对此很满意，把签了字的相片赠给他的许多亲友。

有一天亨利的助手特德·梅克和艾柯卡正在欣赏这张照片。

“你觉得老板这张最近拍的照片怎么样？”特德问。

“照得很好。”艾柯卡说，“说真的，我手头还没有一张亨利的照片，你觉得我可以向他要一张吗？”

特德说：“当然可以。我把这张拿去让他签个字给你。”

过了几天，特德对艾柯卡说：“亨利先生不愿意当即签字，所以我把照片留给他了。”

后来艾柯卡又去见亨利，看到他桌上放着一张照片。他说：“这张照片真棒。”

亨利说：“谢谢。说实在的，这张照片是准备给你的。我还没有来得及在上面签字。”

此后石沉大海，他再也没有提到过照片的事，艾柯卡也压根儿没有拿到这张照片。依亨利看来，在照片上签名送人似乎太亲密了一点，哪怕是自己的总经理。

看来亨利不想给艾柯卡和他之间的友谊留下任何具体和持久的纪念，尽管当时他们还是朋友。也许他已料到，迟早他对艾柯卡会化友为敌的，因此不能留下他们曾经友好相处的证据。

其实，艾柯卡和亨利合作的头几年，彼此之间就有分歧。但艾柯卡总是尽量克制自己。即使出现了大矛盾，他也总是大事化小。如果出现严重的分歧，艾柯卡肯定要把这些问题留待私下解决，等到亨利能够听得进申辩时为止。

作为一个总经理，艾柯卡不想把精力花费在无谓的争执和庸俗的人际交往上，他必须多考虑公司的大局。比如公司今后5年的目标是什么，公司要注意哪些重要趋势等。

1973年的阿拉伯和以色列的战争以及随后产生的石油危机说明了这一点。世界发生了天翻地覆的变化，小型化、耗油少、前轮驱动的汽车将是未来汽车的潮流。

只要看一看1974年的汽车销售量，就不难发现这一年底特律很不景气。通用汽车公司的汽车销售量减少了150万辆，福特公司减少了50万辆。市场上大多数小型汽车都是日本货，而这些小型车十分畅销。

通用汽车公司正以几十亿美元巨款生产小型车，克莱斯勒公司也正在花大笔钱生产耗油少的型号。

小型车像一块骨头卡住了亨利的喉咙。但艾柯卡还是坚持要生产小型的前轮驱动车，起码可以在欧洲销售。欧洲的油价高，道路也狭窄。

艾柯卡派产品计划师哈尔·斯普里奇到欧洲访问。他们只花了不到3年的时间就推出了一辆新型号汽车“菲斯特牌”。“菲斯特牌”是一种小型的前轮驱动汽车，有一个横向引擎。它造型美观，性能也不错，艾柯卡觉得它肯定会赢得客户的欢心。

但这种车型在征求意见时，遭到了包括欧洲部高级主管在内的一些人的反对，并背后说艾柯卡一定是神志不清了，这种车是卖不出去的，即使能卖出去，也赚不了钱。

但艾柯卡深信，这种车一定会有很好的市场反应。他与亨利据理力争。亨利想通了，最后同意拨款10亿美元生产"菲斯特牌"汽车。他做了一件好事。"菲斯特牌"汽车是一个巨大的成功，它挽救了欧洲部，就像20世纪60年代"野马牌"汽车使福特部反败为胜一样。

在欧洲，不管亨利走到哪里，总是同皇室贵族在一起。他同他们谈笑风生或饮酒作乐，或闲逛玩耍。他喜欢欧洲非同一般，甚至经常说退休后到那里居住。

事实证明，"菲斯特牌"汽车的成功无疑是艾柯卡在福特公司的事业夭折的原因之一。因为在美国国内他取得的成绩对亨利不具威胁，但在欧洲，当人们在这块旧大陆的大厅里为艾柯卡喝彩时，亨利感到不安了。

与亨利产生矛盾

尽管亨利从未公开讲过，但实际上有些地方是不许别人涉及的禁区，欧洲是其中之一，再就是华尔街。

在1973年和1974年年初，虽然已发生石油危机，福特公司还是开始大笔赚钱了。为了沟通公司的发展情况，艾柯卡和一些高级管理人员到纽约会晤100来名主要银行家和股票分析家。

亨利总是对这种聚会持异议。他常说："我不主张去推销股票。"但是几乎所有公共公司都要和金融界人士举行这类聚会，这是日常业务的一部分。

当亨利在那次会议上发言时，适逢醉了酒。他喋喋不休地谈起公司正在如何解决困难。会场上公司负责财政的伦迪朝艾柯卡这边靠过来说："喂，李，你现在最好做一回恶人，替我们挽回面子，否则我们都成了白痴了。"

艾柯卡站起来发了言。也许这次发言就是他在福特公司末日的开端。

第二天上午亨利把他召去。亨利带着不高兴的表情说："你对外界的人讲话太多了点。"他的意思是，艾柯卡同汽车商讲话是允许的，但要避开他的华尔街。否则，人们会以为艾柯卡在发号施令，而这又把他放在何处。

那一天预定在芝加哥和圣弗朗西斯科举行的一些类似的会议都取消了。亨利说："我们再也不召开这种会议了，再也不要出去告诉别人我们准备做些什么。"

只要与产品有关，艾柯卡成了新闻人物亨利也不介意。在艾柯卡成了《纽约时报》杂志的封面人物的时候，亨利还往他在罗马下榻的旅馆发来一封电报，以示祝贺。但要是人们对艾柯卡的赞扬涉及他的势力范围，他就忍不住了，他觉得他的权威受到挑战。

福特汽车公司的股票早在 1956 年就已经公开上市了，但亨利从未真正接受这一变化。对待董事会更是爱答不理，不把董事会放在眼里而一直把它捏在手中随心所欲地摆布。

亨利采取这种态度，无疑是因为他和他的家族虽然在公司只占有 10% 的股份，但却享有 40% 的投票表决权，因此才有恃无恐。他对待政府的态度和对公司的态度差不了多少。

有一天他问艾柯卡："你交所得税吗？"

艾柯卡回答说："你在开玩笑吧？当然要交的！我可以随意支配我的收入，但那是在支付完 50% 的所得税之后。"

亨利却说："我有点担心。今年我付了 11000 美元。我 6 年来一共只付了这么多。"

艾柯卡有些难以置信："亨利，你怎么能逃税呢？"

他说："此事由我的律师处理。"

艾柯卡对他说："我并不反对利用政府所允许的一些漏洞，合理避税，但是我们公司里的人都付差不多和你一样多的所得税！难道你不认为你要付你应该付的数目吗？国防开支怎么办？那些陆军和空军开支从哪儿来？"

但是亨利不以为然，还向别人抱怨艾柯卡多事。

艾柯卡还知道有一件滥用飞机的事。有一次，公司从日本航空公司买来一架 727 喷气式飞机，亨利下令把它改装成豪华客机。律师们告诉亨利，不应该用公司的飞机去度假或到欧洲旅行，除非自己付费。但亨利口头同意后不久就又享用免费的服务坐飞机去欧洲旅游了。

那个时候，因为公司的业务关系艾柯卡常常乘坐这架 727 飞机定期到海外出差，这让亨利看着很是不爽，他不能容忍的是他想乘飞机时却被艾柯卡占用了。

一天，亨利突然给艾柯卡下达命令，要他以500万美元的价格把这架飞机卖给伊朗国王。

管理公司飞机的人大为吃惊，那些人说："我们是不是起码要让对方出个价吧?"

亨利回答说："不必了。我要让那架飞机今天就离开这里!"结果，公司在这桩买卖上丢了一大笔钱。

亨利努力使自己显得有教养而且举止像欧洲人。他懂得使自己具有吸引力，还懂得一些艺术和关于酒的知识。但这些都是伪装。3瓶酒下肚，他便原形毕露。他会在你的面前从善良绅士变成恶棍。

因此，艾柯卡的朋友查利和麦克纳马拉都曾警告他说："离他远一些。他喝醉了酒，你会无缘无故招致麻烦。"

亨利的助理埃德·奥利里也有过类似忠告，他说："你绝不会因为亏损10亿美元被解雇。但也许有一天亨利酒醉之后骂你一声意大利佬，你就同他争吵起来，他就会请你走人。注意听我说——有时会莫名其妙。所以要常常离他远一点，免得惹出是非。"

艾柯卡尽量这样做。但是亨利不仅仅是粗鲁而已。

在1974年讨论"机会均等计划"的一次经理部会议上，艾柯卡开始看透亨利的为人。在那次会上，每个部门按要求汇报雇用和提拔黑人的进展情况。这些汇报比较平庸，亨利生气了，他说："你们这些人只停留在口头上!"

接着他很动感情地呼吁要多为黑人做点事。亨利还说，奖金的发放应当马上和这方面工作的好坏挂起钩来。他说："这样，你们就可以甩掉那些蠢货，为黑人团体做些切实可行的事。"

他在会上的讲话是那么动人，使艾柯卡感动得流了眼泪。他心想："或许他是对的。我们的工作可能确实做得不够。也许我行动迟缓。既然老板认为很有必要，我们应当加劲干。”

会开完以后，他们都上楼去经理饭厅吃午饭。同往常一样，艾柯卡还是和亨利坐一桌。一坐下来，他就开始滔滔不绝地谈起黑人来了。他说：“这些该死的黑鬼，在我房子前面的湖滨车道上开着车来来往往。我恨他们，也害怕他们。我想搬到瑞士去住，那里没有任何黑人。”

这是艾柯卡永生难忘的时刻之一，他没有想到刚才亨利还在讲那些感人的话，而一个小时后他又在大骂黑人了。这时艾柯卡才认识到亨利表里不一、指鹿为马的行径让他作呕。他是在替一个什么人干事啊！

种族偏见已经够让人恶心的了，艾柯卡在艾伦敦已经领教过。但学校里的小孩至少没有伪装自己。亨利除了偏见外，还是个伪君子、假善人。

在大庭广众之下，亨利装得像是世界上最宽大为怀的企业家，而在私下里，他却鄙视几乎所有人。至1975年为止，他还没有当着艾柯卡的面诽谤过公司里的意大利人。但过不了多久，他就弥补这个空白。

受到亨利的调查

1975年，亨利·福特开始极力排挤艾柯卡，开始了他那个想让艾柯卡走人的计划。

在这以前，至少看上去亨利一直是栽培艾柯卡的。但1975年，他开始患上了心绞疼。他看上去确实健康不佳。从这时开始，亨利可能意识到自己将不久于人世。

当生性多疑的亨利认为艾柯卡已经危及亨利家族的利益时，他决心要摆脱艾柯卡。但他又缺乏足够的勇气明目张胆地让艾柯卡滚蛋。另外，他自己也深深地懂得个中关系，错综复杂、十分棘手，弄不好会适得其反。于是，他开始用心计，决心羞辱艾柯卡，迫使他自己离开。

1975年初，艾柯卡去国外出差，参加了由美国《时代》杂志组织的一个企业领导人代表团到中东访问活动，在那里逗留了几个星期，以促进对以色列和中东世界的更好了解。

当艾柯卡2月3日回到美国时，他惊讶地发现，他的助手查默斯·高耶德正一脸不安地在纽约机场等着他。

“发生了什么事?”艾柯卡问。

“出了大事了。”查默斯说。

毋庸置疑，肯定是出事了。艾柯卡仔细地听查默斯介绍在他出国期间所发生的非常事件。就在几天前，也就是代表团在沙特阿拉伯同费萨尔国王会晤期间，亨利却突然召集高级经理们举行了一次特别会议。

亨利十分担忧石油输出国组织的形势，下令取消20亿美元的生产计划。在这个决定中，他简单粗暴地砍掉了许多对福特公司来说富有竞争力的产品，例如小轿车、前轮驱动技术等。

亨利一直等艾柯卡远赴国外时才匆匆召集这次会议，也是想趁此机会剥夺艾柯卡参与重大决策的权限和责任，而这破坏了艾柯卡一直致力于想要实现的宏大的发展计划。

亨利那一天的决定对公司造成的破坏是无可估量的。福特公司本应在1979年上市销售的两款小型前轮驱动小车直至1983年5月才投放市场。

几天以后，艾柯卡因流行性感冒病休在家，“非常遗憾”地跟上次出国时一样错过了一个重大的会议。亨利在利用一切可能的机会削弱艾柯卡的影响力。

在那些日子里，艾柯卡的女秘书贝蒂·马丁也看出了大楼里有些不正常。她是一位很出色的女性。艾柯卡认为，如果不是亨利大男子主义在作祟，她早该是副总经理了。

任何时候发生的可疑情况，都逃不脱贝蒂的眼睛。在男人们之间周旋，她是游刃有余的。

有一天她对艾柯卡说：“我刚刚了解到一个情况，您每次打电话在公司信用卡上记账时，马上会有一个记录送到亨利先生的办公室。”

一两个星期后她又告诉艾柯卡：“您的办公桌上总是很乱，所以有时我回家前替您收拾一下。每次我把什么东西放在什么地方总是记得一清二楚的。可是第二天早晨，所有的东西都被动过了。这样的事时有发生，我认为您有必要知道这个情况。我不以为清洁工在打扫卫生时会动您的东西。”

艾柯卡回家对玛丽说：“如今我很忧虑。”

贝蒂·马丁是个很严肃的妇女，她平素最恨无事生非的人。要是她认为情况不严重，是断然不会把这些事告诉艾柯卡的。大楼里一些微妙的事情发生，通常秘书们的消息是最灵通的。

1975年4月，福特公司宣布第一季度交税后亏损1100万美元。这就是说，福特公司已经连续两个季度出现亏损了。

亨利开始有点神经异常。7月11日，他的这种神经异常在公众面前暴露无遗。那一天他突然召集公司500位高级经理开会。对于这次不同寻常的集会有何目的，他事先对任何人一点也没有透露，包括对艾柯卡。

当每一位经理都被召到大礼堂以后，亨利开始讲话。他宣布："我才是这艘船的船长。"他说，公司的高级管理人员把事情搞糟了。

对艾柯卡来说亨利指的是谁，他心知肚明。这是一次非同寻常的集会，亨利气急败坏、语无伦次的样子让参加会议的人员很吃惊。人们一走出礼堂后便开始打听："嘿！公司出什么事儿啦？"

这次集会以后，大家都开始怀疑亨利是否已经失去了理智。每个人都很紧张，整个公司都像是冻结了，大家都不干活，人人忙于猜测亨利下一步会怎么样，自己应该站到哪一边。

尽管新闻界尚未抓到公司内部纷争的蛛丝马迹，但福特的代理商们已经嗅到了有些味道不对头。

1976年2月10日，福特部的代理商在拉斯维加斯开会。会议记录写着：

> 在福特汽车公司的领导层内部，似乎政治气氛太浓，并影响了领导人发挥有效的作用。在这个时候，亨利·福特二世有失众望，未能像汽车商们所期待的那样提供高质量的领导艺术。

汽车商们还对一些事表示了担忧：福特公司缺乏新产品，已经落到了跟着通用汽车公司后面跑的境地。

在艾柯卡同亨利的斗争过程中，汽车商们明确地站在艾柯卡一边。这反而越加是坏事，汽车商们每发表一个支持他的声明，亨利就多了一颗射向艾柯卡的子弹。

在福特汽车公司里并无民主可言。艾柯卡在群众中的威望足以使亨利深信，他是一个危险分子。然而所有这一切，比起那一年真正的大新闻来，都是微不足道的。

1975 年初秋，亨利把保罗·伯格莫萨叫来，严厉盘问他关于同比尔·富加兹做生意的事。富加兹在纽约开有一家轿车和旅游公司，并负责安排福特公司汽车商的奖励活动。

过了不久，亨利又把艾柯卡叫了去。他对艾柯卡说："我知道，富加兹是你的好朋友。不过我要对他进行一次全面的调查。"

"出了什么差错?"艾柯卡问。

"我认为他与黑手党有勾搭。"亨利说。

"这不可能。他的祖父在 1870 年就开始做旅游生意。另外，我同富加兹一起吃过饭，同他接触的都是一些正派的人。"

"这些我可不知道，"亨利说，"他开了一家大型豪华轿车公司。这种车和卡车往往都是和黑手党有关系的。"

"您在开玩笑吧，"艾柯卡说，"如果他卷进了黑手党，为什么他还会亏损那么多钱?"这一点理由也许站不住脚，于是他又举出一条，提请亨利回想一下：正是比尔·富加兹，设法让来纽约的罗马教皇坐"林肯牌"汽车，而不是坐"卡迪拉克"汽车。

但亨利态度强硬，根本不听艾柯卡的。另外，富加兹告诉艾柯卡，他办公室里的档案材料，在他不知道的情况下，都被取走了。他还肯定，他的电话都被录了音，但他们没有发现任何可以当作罪证的东西。

很快，情况变得明朗了。所谓富加兹事件，只是一种烟幕，亨利要整的压根儿不是比尔·富加兹，而是艾柯卡。

从 1975 年 8 月开始的"调查"，大概是水门事件的启发吧，亨利甚至指定了前密执安高级法庭法官西奥多·索里为他的调查员。

这次调查开始发生在拉斯维加斯的一个福特公司汽车商会议上。负责这次会议财务开支的是福特公司在圣地亚哥推销处的负责人温德尔·科尔曼。他被传讯，被迅雷不及掩耳地审了一通。他对此极为愤怒，把前前后后的情况详细记录下来送给了艾柯卡。

1975年12月3日，科尔曼被叫到总部去，从公司财务部去的两个人“接见”了他。他们起先劝告他要如实汇报情况，然后却对他说，这不是福特部要查账，而是总部要求查账。他们要他对此事保密，不得告诉公司任何人。

在接见中，首先核查福特公司汽车商在拉斯维加斯吃的几次饭的情况。他们问科尔曼，在梦幻饭店吃饭时有没有女人在场，特别强调有没有任何女人跟艾柯卡在一起。尔后，他们严厉批评科尔曼为什么那么慷慨地给女招待小费，盘问富加兹在不在场，官员中有没有人赌博，他有没有给钱支持他们去赌博，等等。

“这简直是政治迫害!”科尔曼生气地对艾柯卡说。

借口审核公司高级管理人员的旅行开支，亨利实际上是对艾柯卡的工作和私生活都进行了全面的调查。“审核”包括对55个人的“接见”，所涉及的人不仅有福特公司的官员，还有公司以外的人，诸如美国钢铁公司的人和公司的广告代理人。

尽管兴师动众、费尽心机，调查中没有找到任何有损于艾柯卡或是他手下人的材料。

一份完整的调查报告送到了富兰克林·墨菲手里。墨菲来看艾柯卡，对他说：“你没有什么可以担心的，整个事情都过去了。”

艾柯卡怒不可遏：“在调查过程中，你们董事会里怎么没有一个被卷入的?”

“把它忘掉吧，”墨菲说，“你又不是不了解亨利。”

花了200万美元进行调查而一无所获，一个正常人早该说：“是啊，我检查了我手下的总经理和一批副总经理，他们清廉如洗。我为他们感到骄傲，因为他们经得起无情的调查 。”但亨利绝对不会这么说。

在那些日子里，人们都不敢在自己的办公室里打电话，要打电话得去别的楼里。虽然亨利去日本了，但他仍可通过现代化的高保真的电子仪器看到一切。大家都担心自己的办公室里有窃听器。

这些高级经理们当时所承受的压力是令人难以置信的。他们把办公室的窗帘放下，压低嗓门说话。跟艾柯卡一起到克莱斯勒公司以前，曾一度当过赫芝公司董事长的贝尔·比德威尔常常说，他甚至不敢在楼道里走路，走路时脚都发抖，唯恐“国王”一声大吼把自己吓死。

这就是1975年玻璃大楼里的政治气氛，这也是艾柯卡真想愤然离去的原因。

当这次调查结束时，朋友们对他说：“天哪，总算过去了。”

艾柯卡却说：“不，没有过去。亨利这次一无所获，被人看作是一个笨蛋。现在我与他的真正麻烦开始了！”

被福特公司解雇

虽然没有调查出什么问题，但亨利想摆脱艾柯卡的决心丝毫未变，他决意要把艾柯卡赶出福特公司。当他的调查未能达到此目的时，又在想其他的主意。

有人说，亨利手中有一张艾柯卡好友的名单，艾柯卡很快弄清楚这不仅仅是谣言。

接二连三有和他关系密切的人以各种理由被辞退。其中包括斯普里奇——他算得上底特律那些最富传奇式人物之一。人们对他的评价是："他的血管里装的是汽油。"在推出几种新车，尤其是"野马牌"汽车和"菲斯特牌"汽车的过程中，他立下过汗马功劳，起过关键作用。

艾柯卡告诉亨利："斯普里奇帮我们造出了'野马牌'汽车，他使我们成了百万富翁。"

"你别胡诌了！"亨利打断艾柯卡的话，"我就是不喜欢他。你没有资格问我为什么不喜欢他。我说不喜欢就是不喜欢！"

斯普里奇被解雇后心里很不是滋味。斯普里奇很自信，深信自己的才干足以使他在福特公司站稳脚跟，哪怕是老板不欣赏他。然而他忘了，他是置身于独裁专制之下。

艾柯卡对斯普里奇说："这算不了什么。也许我应该和你一道离开，虽然我的地位比你高，我也同样在这里受气。说不定这是亨利帮了你忙。在一个更为民主的环境中，你的才干会得到更大的承认和奖赏。眼下很难相信，但有一天你回过头来看的时候，你会感谢亨利把你赶走的。"

斯普里奇被解雇不久，克莱斯勒汽车公司的总经理马上邀请他去赴午宴。1977 年初，他便开始在克莱斯勒工作，在为该公司计划生产小型车辆的过程中，他立即扮演了主角。许多他在福特公司想做而未能做的事情，在那里都实现了。

1977 年新年伊始，亨利宣战了。他让麦金西经营管理咨询公司来帮助重组最高层领导班子。当这一重组工程结束时，公司里的一位高级官员在艾柯卡办公桌上留下一张纸条，上面写着："坚持下去吧，李。"当然这很不容易。

咨询公司经过了几个月的研究，耗资数百万美元，麦金西发表了建议书。这是一个所谓三驾马车的做法，即用 3 个行政执行官来取代历来的董事会主席和总裁两人领导制。

这种新安排从 4 月份开始正式生效。亨利当然还是董事会主席和首席执行官。菲尔·考德威尔被任命为副主席。艾柯卡继续当总裁。

表面上 3 人各有分工，井水不犯河水。而实际上，它的关键性改变——这次重组班子的理由，已由亨利发放的一个备忘录写得一清二楚。这个备忘录专门声称："当主席不在的情况下，副主席就是首席行政执行官。"换言之，亨利在 3 人中为第一位，菲尔·考德威尔成了第二号人物。

宣布考德威尔为第二号人物，使艾柯卡和亨利的斗争走向公开化。在这以前，一直采取的是迂回战术，现在亨利的胆子更大了。这次重组班子实际上是用一种遮遮掩掩的、偷梁换柱能被社会接受而不致白热化的办法夺走了艾柯卡的权。

尽管艾柯卡怒火中烧，在公开场合他还是维护这个新班子。他对所有在手下工作的人说，这个新机构完美无缺。

不出所料，这个三驾马车的办公室没有维持多久。1978 年 6 月，新班子建立仅 14 个月，亨利又搞出了新花样。这个班子不再是 3 个人，而改成 4 个人了。新安插进来的是亨利的弟弟克莱·福特。

这样，艾柯卡在这个班子里被推到第四位了。他现在有事不是向亨利报告，而得向菲尔·考德威尔报告，因为他的职位比艾柯卡高。

艾柯卡发现这段时期他的权力就像切香肠一样，过几天就会被切掉一段。但艾柯卡说，他不会去捡回失去的部分。

4天以后，亨利会见了9个董事会成员，告诉他们说他准备解雇艾柯卡。这一回董事会出来干预了，他们说："不，亨利，你这样做是错误的。冷静下来吧，我们准备跟李谈谈。我们会把事情办妥的，你去向他道个歉。"

亨利很不高兴，他对富兰克林·墨菲说："我今天失去了董事会。"

第二天，亨利来到了艾柯卡的办公室。这是8年来他第三次来艾柯卡办公室。他对艾柯卡说："我们重归于好吧！"

艾柯卡与亨利之间的假平静维持了一个月。1978年7月12日晚上，像以往每次董事会召开的前夕一样，亨利与外部的董事们共进晚餐。他再次宣布准备解雇艾柯卡。

这一次他指责说，艾柯卡在他背后组织小集团反对他。

亨利再次遭到了一些董事的反对。他们纷纷指出艾柯卡对公司的忠诚以及他在公司的价值。他们要求亨利重新把艾柯卡放到公司第二号领导人的位置上。

这下亨利恼怒了，他脸色铁青。他怎能容忍别人回嘴！他大声嚷嚷："有他就没有我！我给你们20分钟去作决定！"说完便怒气冲冲地离开了房间。

亨利无法间接地赶艾柯卡走，只有调整手段，直接动手了。

就在那天晚上，艾柯卡接到汽车工业的商业性周报《汽车新闻》的发行人凯恩·克莱恩的一个电话。"这事是真的吗？"他在电话里问。

"这事"所指，是不言自明的。克莱恩是亨利儿子的好朋友。艾柯卡猜想，一定是亨利指使儿子给克莱恩透露个消息，好让他通过报界知道自己已被解雇。

对于艾柯卡来讲，这是亨利的故伎重演。亨利希望解雇艾柯卡的消息通过第三者传给艾柯卡，而他自己却躲在幕后操纵。这就保证了“国王”不因亲自干肮脏的勾当而弄脏了自己的手。

第二天早晨艾柯卡照常去上班。办公室里一切如故，似乎什么也没有发生过。午饭时分，他甚至怀疑凯恩·克莱恩电话里说的事不可靠。但是不到15时，亨利的秘书通知他，说亨利让他去。

“看来真是如此。”艾柯卡心想。

当艾柯卡走进亨利的办公室时，发现他和他的兄弟比尔正坐在一张大理石会谈桌旁，面带不自然的表情。他们俩都神情紧张，艾柯卡倒是十分轻松。艾柯卡已有思想准备，知道将会发生什么，这次会见只不过是履行一下正式手续罢了。

当艾柯卡在桌旁坐下时，亨利支支吾吾，语无伦次。他从来没有直接解雇过任何人，他不知道话题该如何起头。

冷场了半天，亨利说：“有时候，我不得不照我自己的方式行事。我决定重新组织本公司。这是你最不乐意的，但你非得接受不可。我们一直合作得很好。”艾柯卡以不信任的眼光看着他。

亨利继续说道：“但是我觉得你应该离开这儿。对本公司来说，这是最好的办法。”

在整整45分钟的会见过程中，亨利自始至终未用“解雇”这个词。

“这都是为什么?”艾柯卡问。

亨利说不出任何理由。“这是我个人的事，是我对公司新的设想和安排。”他说，“我不能告诉你更多的，事情就是这样。”

然而艾柯卡坚持要他说明白。艾柯卡强迫他说出解雇的理由，因为艾柯卡相信他说不出像样的理由。最后，亨利只是耸了耸肩膀说：“得了，责任不在你。有时候就是不喜欢某个人，这是我的怪癖。”

艾柯卡手里只剩下一张牌了。他转向比尔说："比尔是什么态度？我想知道他是怎么想的。"

"我的主意已经定了。"亨利说。此时比尔低着头默不做声。

艾柯卡有点失望，但并不奇怪，血要比水浓，比尔是这个家族的一分子。

此刻，艾柯卡想到了养老金和公司应该给他的补偿。于是说："我有一些权益，我不希望在这方面还会引起争论。"

亨利说："这好办，我们可以安排一下。"双方同意，艾柯卡的离职从1978年10月15日，艾柯卡54岁生日那天生效。如果他离职的日子早于这一天，将蒙受许多损失。

直至此刻，他们的谈话一直是很平静的。然后艾柯卡把话题抢了过来。他列举了为福特公司所做的大量工作。艾柯卡提醒亨利注意，这两年是公司历史上成绩最佳的两年。艾柯卡严正地指出，亨利应该知道自己抛弃了什么。

当快讲完时，艾柯卡提高了嗓门："请看着我！"在这以前，亨利的眼光一直未与他相遇。艾柯卡意识到这是他们最后一次谈话了，因此声音越来越大：

"我告诉你，你将坐失良机！今年我们赚了18亿美元，加上去年一共是35亿美元，连续两年的好势头。但是，亨利，请你记住我的话，你永远也不会再有一年赚18亿美元了。你知道为什么吗？因为你压根儿不懂得我们是怎么把钱挣来的。"

这是千真万确的。亨利是个花天酒地的花钱老手，他从来不知道钱是怎么得来的。他只是坐在他的象牙塔里惊奇地叫喊："天哪！我们在赚钱！"他成天坐在那儿滥用权势，他哪里知道如何使公司这部大机器正常运转。

这次会晤快结束时，比尔倒是情真意切地劝亨利改变主意，不要让艾柯卡走。但这无足轻重，也为时太晚了。当离开亨利办公室的时候，比尔脸上挂满了泪花。他不停地说："这是不该发生的事。他太绝情了。"

接着，他对艾柯卡说："你真冷静。你跟我们干了32年，他竟无缘无故地赶你走。你为他竭尽全力，在他一生中还没有一个人像你那样对待他。然而令我惊奇的是，他竟如此无动于衷。"

"谢谢你，比尔。"艾柯卡说，"然而我已经死了，你和他还活着。"

艾柯卡回到自己办公室后。电话一个接一个，有朋友打来的，也有同事打来的，询问他是否真的被解雇了。很显然，关于艾柯卡被解雇的风声早已传出。这天下班前，亨利向高级行政官员们下达了一则含糊其辞的备忘录。备忘录只寥寥几字："有事请向菲尔·考德威尔汇报，立即生效。"

那天下午离开办公室后，艾柯卡觉得如释重负。"感谢上帝，可以让我清静一点了。"他自言自语地坐进了车里，他们刚刚完成了历史上最好的6个月的计划。

回到家里，艾柯卡接到了小女儿丽娅的一个电话。她当时在网球训练营，这是她第一次离开家。她从广播里听到父亲被解雇的消息，哭泣不已。

每当艾柯卡事后回忆起这可怕的一周时，首先闪现的是丽娅在电话里的哭声。艾柯卡恨亨利如此绝情解雇了他；他更恨解雇他的方式。在全世界知道这件事之前，不容他坐下来跟孩子们说一声。

丽娅不单是悲伤。她在悲伤中还带有怨恨，恨父亲被解雇之前为什么不事先跟她打个招呼。她根本不相信父亲事先会一点也不知道。

"您怎么可能会不知道呢?"她责问艾柯卡，"您是一个大公司的总裁呀！您总是知道将要发生的所有事情的。"

"这一回真的不知道，亲爱的。"艾柯卡告诉她。

在整整一个星期里，丽娅度日如年。有些年轻人幸灾乐祸。是么，总经理的女儿，处处有优越感，最后受到惩罚了吧！

人们说爬得越高摔得越痛，艾柯卡那个星期就是那样。他有生第一次尝到被人赶走是什么滋味，还是在总裁的位置上。

一被福特公司解雇，艾柯卡这个人就似乎在世界上已不存在。“野马之父”一类的词语顷刻之间销声匿迹。那些在他手下工作的人，他的同事和朋友们，都怕见到他。昨天，他是一个英雄；今天，他像是麻风病患者，人们不顾一切地躲着他。

每个人都清楚，亨利正准备掀起一个排除艾柯卡支持者的大浪潮。不管是谁，如果不与他彻底断绝关系，都有被解雇的危险。

艾柯卡的父亲经常对他说，一个人在他临终时有5个真正的朋友，他就算是生得伟大了。艾柯卡此刻体味到了这句话的含义。

艾柯卡感叹不已：你可以几十年如一日与人为友；你可以与他同享欢乐，分担忧愁；当他有难时你可以保护他。遗憾的是，当你自己时运不济时，他却溜之乎也，从此杳无音信。这就是人生！

艾柯卡的自尊心极大地受到了伤害。虽然有时偶尔也会接到某个人的电话：“让我们一起喝杯咖啡吧！我对于所发生的事简直不可思议。”但是他在公司里的大多数朋友遗弃了他。让他深深地明白，职场中的友谊是不存在的，那里只是一个平台，人们争食的平台。在艾柯卡一生中，这件事伤透了他的心。

艾柯卡的被解雇在社会上引起了极大的关注。

美国哥伦比亚广播公司著名电视评论员沃尔特·克朗凯特在CBS晚间新闻节目中详细报道了这件事，评论说：“这简直像是在读关于汽车行业的一部惊奇的小说。”

《汽车新闻》有篇社论，说得艾柯卡心里美滋滋的。社论在提到他年薪100万美元的收入后指出：“从任何标准来看，他的每一个铜板都是受之无愧的。”社论没有直接批评亨利，却说：“本行业中最佳的球员，如今成了一个自由人。”

一些社论撰稿人和专栏作家甚至觉得这件事实在莫名其妙，叫人难以相信。杰克·埃根在《华盛顿邮报》的财经版上撰文说，这样的事居然能发生，不禁使人“提出这样一个问题：像福特汽车公司这样偌大的一个企业，它的经营怎么可能会同一块世袭领地一样由一个人说了算？”

一位专栏作家说：“此事想起来真有点毛骨悚然。福特公司在美国如此之大，它可以影响每一个人。看来，这家公司是在一个蛮横无理的人控制之下的，此人不对任何人负责任，天马行空，为所欲为。”

辛迪加专栏作家尼古拉斯·冯·霍夫曼则写得更为淋漓尽致。他把亨利叫作“60岁的更年期少年”。他的文章结尾说：“如果世界上像艾柯卡这样的人职业都没有保障，还谈得上你我之辈？”

解雇之后的伤痛

福特公司的汽车商一听到艾柯卡被解雇的消息后便群起而攻之。新泽西州伯根费尔德的汽车商埃德·马拉尼尤感愤怒。他是拥有1200名成员的福特公司汽车商联盟主席。

马拉尼其实早已估计到艾柯卡遇到了麻烦。他曾给亨利和全体董事们写信，替他说话。但亨利回信要他少管闲事。

有一次艾柯卡路过亨利办公室门口，听到亨利在电话里大声嚷嚷："艾柯卡去找了马拉尼这浑蛋，让他写了封信。"艾柯卡当然没有这样做。

在艾柯卡被解雇以后，马拉尼发起了呼吁他重新工作和要求任命一名汽车商为董事会董事的运动。马拉尼计算了一下，汽车商们一共有将近100亿美元的投资，而艾柯卡则是这笔投资的最好保护人。后来到了夏天，马拉尼真的采取行动要组织拥有股票的汽车商进行抗议活动，但是这项计划失败了。

尽管马拉尼为使艾柯卡恢复工作所作的努力没有成功，但看得出来，公司担心由于艾柯卡的离开而使汽车商队伍产生动摇。他被解雇后的第二天，亨利向公司在全国各地的汽车商发了一封信，保证他们的权益不会被忽视。

亨利在信中说："本公司有一支强大的、富有经验的经营管理队伍。领导北美汽车业务的头头都是一些你们熟识的、富有才干的经理。他们深知你们以及零售市场的需要。"要是果真这样，这封信也就没有写的必要了。

艾柯卡收到过许多汽车商的来信和电话，表示对他的支持。他们的关怀和好意给了他力量。报纸上经常说他“苛求”、“固执”或“无情”，如果艾柯卡真是这样一个人的话，商人们也不会站在他一边了。

艾柯卡和汽车商们虽然有分歧，但他公平地对待他们。当亨利到处游山玩水、花天酒地的时候，是艾柯卡在保护着他们的权益。他还帮助过他们当中的许多人成为百万富翁。

那时，亨利派比尔·福特和董事会成员卡特·伯吉斯处理艾柯卡的赔偿金问题。艾柯卡提出他应得的数目，但始终得不到同意。卡特·伯吉斯和福特的首席顾问亨利·诺尔蒂口口声声说什么“他们很想公平对待，但由于考虑到股东们的利益，不能在艾柯卡的赔偿金上开个先例”，等等。

为了反击亨利的卑鄙，艾柯卡请最优秀的律师爱德华·威廉替他辩护。最后，艾柯卡得到的是他应得数目的75%。

艾柯卡也收到许多普通员工给他的支持信，这些信都是手写的，然后邮递过来的，以免被那个“皇帝”发现。还有一些职业介绍人给艾柯卡来信或者来电话，热心地帮他找工作。

所幸的是，正当他盛怒之时，刚好有个新工作在等着他，不然他也许会处于无尽的烦恼之中而不可自拔。

艾柯卡被解雇以后，有一件很有意思的事，那就是他可以邀请埃斯蒂斯夫妇来家里吃饭了。皮特·埃斯蒂斯是通用汽车公司的总经理，他的家和艾柯卡家只相隔两三个门。多年来艾柯卡和埃斯蒂斯虽然很熟悉，但从来不公开交往。

只要他在福特公司做事，他和埃斯蒂斯都保持一种默契，以遵守一种不成文的规定，那就是如果福特公司的人和通用公司的人在一起打乒乓球或高尔夫球，人们就会认为他们不是在联合操纵价格，就是在阴谋推翻国家的自由企业制度。

通用公司的经理们尤其小心翼翼，因为这家公司常常面临被打破垄断的危险。因此，这些在三大汽车公司里掌握一定权力的人相互之间连个招呼都很少打。

这个改变使玛丽也很高兴，因为她很喜欢埃斯蒂斯的夫人康尼。现在她们不必偷偷地会面了。

艾柯卡被解雇不久，一家底特律的报纸载文说：

根据福特的家庭发言人的说法，艾柯卡之所以被解雇是因为他缺少“礼貌”、过分“激进”，并且说这个在宾夕法尼亚的艾伦敦出生的意大利移民之子与格罗斯角的时尚格格不入。

这是恶意中伤，但艾柯卡并不奇怪。因为对于福特家族来说，他一直就是个外人。不要说他，就是福特的妻子克里斯蒂娜对福特家族来说也是个外人，这个家族里的人都戏谑地称她为“比萨饼皇后”。

如果了解亨利对意大利人的偏见，那么他对于艾柯卡的那些说法就是意料之中的了。过去几年来他还认为艾柯卡是黑手党人。肯定《教父》这部电影足以使他相信所有的意大利人都与犯罪组织有关联。

那些不透露真实姓名的文章在报上发表以后，艾柯卡突然接到一个电话。要是亨利知道了电话的内容，那他真的会毛骨悚然了。

那位意大利口音的人打电话到艾柯卡家说：“如果报上刊登的东西属实的话，我们要对那个一无是处的浑蛋采取行动。他毁了你一家的名声。我告诉你一个电话号码，只要你招呼一声，我们就打断他的四肢。这样我们会觉得舒畅一些，你也一定会有同样的感觉。”

“不，谢谢。”艾柯卡说，“我不喜欢这种做法。如果你们真的这样做了，我也不会因此而感到愉快。如果有一天我需要豁出来干了，我会自己打断他的腿的。”

在1975年对艾柯卡进行审查期间，亨利始终怀疑他同黑手党有联系，虽然艾柯卡有生以来从未遇见过黑手党。但是，这次亨利的预言似乎应验了，因为给艾柯卡打来电话的人，可能真的是能够让亨利吓破胆的黑手党人。

不是艾柯卡愿意忍受侮辱而不报复，亨利害过许多人，但是艾柯卡不想把报复付诸暴力。

艾柯卡惊魂不定地过了一段时间以后，开始思考和亨利之间的问题。从某种程度上来讲，一个不管是公司的总经理还是给公司看大门的人，被解雇总是一个沉重的打击，你会立即开始反省：我到底做错了什么？

艾柯卡从未有过当福特公司董事长的幻想。这一点他早就想通了，只要他待在福特公司，他明白公司的那个位置永远得由福特家族的成员担任，这一点他能接受。直至 1975 年，艾柯卡对他所处的位置一直是满意的。

解雇艾柯卡是因为他构成了对亨利的威胁。亨利由于几次在极不愉快的气氛中解雇公司第二把手而声名狼藉。在亨利看来，这是领主在镇压农民的叛逆。

其实只要回顾一下那些前任被解雇的历史，艾柯卡就该预料到自己的结局。查利常说：“这家伙是个无赖，你要随时准备好对付窘境。”

另外就是亨利的健康状况不佳。亨利想，如果他一命呜呼，艾柯卡就会操纵福特家族并接管公司。亨利曾对《幸福》杂志社记者说：“自从 1976 年得了心绞痛以后，我突然发现我不会长久于世。我想：‘如果我死了，福特公司会成个什么样子呢？’我最后决定，不能让艾柯卡接替我的董事长职务。”

福特家族是美国仅有的几个家族王朝之一。对任何一个王朝来说，第一个本能就是自卫。任何事情，无论好事、坏事或无关紧要的事，只要可能影响这个家族的利益就会在家族首脑的心目中成为大问题。

亨利从来不隐瞒让他的儿子埃德塞尔继任他职务的意愿，而他认为艾柯卡是障碍。艾柯卡的一个朋友说得好："你没有受到第一个埃德塞尔·菲亚斯科的伤害，但逃不脱第二个。"

被解雇后艾柯卡只见到过亨利一次。那是4年半以后，他和玛丽受邀请参加《新闻周刊》为庆祝创刊50周年举行的晚会。这种晚会在全国好几个城市都举行了，底特律的庆祝晚会刚好在复兴中心的舞厅里举行。

艾柯卡和玛丽跟底特律的首席新闻广播员比尔·邦兹坐在一起。玛丽和比尔正在谈话的时候，艾柯卡看到亨利和他的妻子走了进来。

艾柯卡下意识"唉"一声，玛丽也转过身来。艾柯卡最怕遇到这种场面。虽然他平日心平气和，但他不知道要是喝了几盅酒以后见到亨利会不会冲上去揍他一顿，艾柯卡曾多次想到过这种情景。

他们的视线碰到了一起，艾柯卡向他点了点头。他知道这时候亨利会有3种可能的做法。

第一种是点点头，打声招呼，随即消失在人群中，这样做可以不失身份。第二种选择是走过来说几句话，也许互相握握手。这是一种体面的做法，似乎对亨利估计过高了一点。第三种做法可能是会扭头就走。他果然这样做了。亨利拉着他妻子，匆匆走了。这就是艾柯卡最后一次和亨利的相遇。

1978年7月13日以来，发生了许多事情。亨利给艾柯卡，特别是给他的家庭留下许多伤痛，因为伤痛太深，所以难于愈合。

受聘克莱斯勒

求生之路，没有什么力量能够阻止你向前冲刺。

——艾柯卡

五十多岁临危受命

艾柯卡被解雇的事一公开，其他行业的许多公司，包括国际纸业公司、洛克希德公司等都同他进行了接触。包括纽约大学在内的三四家大学的商学院，都希望他去任教务长。

其中有的工作是很有吸引力的，然而他没有去考虑。他大半生都在汽车行业工作，也只想待在这个行业。

54 岁是个尴尬的年龄，退休还为时过早，换行另起炉灶又年龄太大。而且，汽车的一切已成为艾柯卡血液的一部分。

也有一家汽车公司请过艾柯卡。法国雷诺公司想聘他做全球汽车顾问。但艾柯卡觉得自己不是做顾问的料。他习惯于做实事，喜欢有具体的职责，在行业的前端创新干成是荣誉，失败了甘愿受惩罚。

艾柯卡被解雇以后，外界一直传他将要去克莱斯勒公司。他闲着没有事，而克莱斯勒公司正逢艰难，所以人们把他们联系在一起是必然的。艾柯卡的朋友、佛罗里达州前州长克劳德·柯克提议他和克莱斯勒公司的两位董事迪尔沃思和沃伦在纽约共进午餐。

迪尔沃思管理克莱斯勒家族的财政，沃伦是华尔街一名律师，同克莱斯勒公司有 35 年的来往。艾柯卡接受了邀请。

这只是一种非正式的相互认识的聚会，话题也较广泛。迪尔沃思和沃伦向艾柯卡说明，他们的谈话只代表个人，不代表公司。谈话中他们对汽车业表示关切，特别是对克莱斯勒公司。但在很大程度上这次谈话是试探性的，更多的是应酬而不是正式邀聘。

与此同时，艾柯卡保持了同乔治·贝内特的联系。他发现乔治是自己在福特公司董事会里唯一的真正朋友。乔治除了为福特公司服务以外，还是休莱特—帕卡德公司董事会成员。

富有才干的比尔·休莱特是休莱特—帕卡德公司的创始人之一，又是克莱斯勒公司的董事会成员。他知道艾柯卡是乔治的朋友，他们在讨论艾柯卡时，乔治把艾柯卡在福特公司作出过的贡献都如实地告诉了他。

过了几天，艾柯卡接到克莱斯勒公司董事长约翰·里卡多的电话。里卡多和迪尔沃思邀请他在离亨利的复兴中心不远的庞哈特雷恩饭店聚一次，讨论艾柯卡去克莱斯勒公司的可能性。

双方对这次聚会尽量保守秘密。艾柯卡开着车从饭店的边门进去。此事甚至连克莱斯勒公司的总经理吉恩·卡菲罗都不知道。里卡多和卡菲罗之间的不和全世界都知道。

迪尔沃思和里卡多两人在同艾柯卡见面中都含糊其词。“我们想改变一下局面。”里卡多说，“因为情况不妙。”

这就是他们要说的全部内容！他们想聘请艾柯卡，但又不把话说明白。这样含糊其词不行，艾柯卡就单刀直入：“我们今天来这儿到底要谈些什么？”

“关于聘你的事，”里卡多说，“你对回到汽车行业工作有兴趣吗？”

艾柯卡对里卡多说：“我不能糊里糊涂地去。我需要知道情况到底坏到何种程度，公司处于一种什么样的状态，流动资金有多少，明年的执行计划是什么，计划生产的产品如何，特别是你们自己是不是对完成计划有信心。”

后来的两次会议在底特律市郊的希尔顿饭店举行。里卡多描绘了一幅凄凉的图景，但艾柯卡认为这种局面一年之内是可以改变过来的。

他发现，克莱斯勒公司最大的问题之一是，连公司的高级经理人员都不掌握公司的确切情况。他们只知道克莱斯勒公司在流血，但是他们并没有意识到，而艾柯卡很快就感觉到了，公司是在大出血。

那年秋天，克莱斯勒的邀请是一桩好事，但又是一场严峻的挑战。

艾柯卡同他们会面后回家和玛丽谈起此事。她激动地说："除了汽车这一行，干别的你都不会愉快的。而且你又不太年轻，不能每天待在家里无所事事。一定要给混账亨利一点颜色看看，让他永远忘不了。"

他还同两个女儿议论此事，她们的态度是："只要能给你带来愉快，你就干吧！"

剩下的问题就是克莱斯勒公司是否雇得起艾柯卡——不单是指经济而言，艾柯卡要的是自主权。到了这般年龄，他再也不想在别人手下干活，他觉得第二把手已经当得太长了。如果要到克莱斯勒公司，他必须得在一两年内当上第一把手，否则就告吹！

这就是他去克莱斯勒公司的谈判条件。这不仅仅是从亨利那里得来的经验，他需要完全不受干扰地扭转公司的局面。艾柯卡知道他的办事方式和他们不一样，除非他有全权把自己的一套经营管理方法付诸实践，否则去克莱斯勒公司将给他带来极大的挫折。

艾柯卡原来以为，里卡多是想让他担任总经理兼首席业务官，他自己任董事长和首席行政官。当艾柯卡把自己的想法告诉他时，他发现估计错了。

里卡多说："注意，我在这个位置上不会待许久。这里只有一个头儿。如果你来，这个头儿将是你。否则，我们就不必费那么多事进行这些会面了。"

最后，双方达成协议，艾柯卡先担任总经理，1980 年 1 月 1 日开始任董事长兼首席行政官。结果，里卡多没有等到商定的时间，提前几个月辞职了，于是艾柯卡在 1979 年 9 月成了克莱斯勒公司的老板。

里卡多为挽救公司而牺牲自己这一点是十分清楚的。他知道自己无力左右公司的局面。虽然艾柯卡的就任意味着他那个时代的结束，他还是尽一切力量使接班工作顺利进行。

艾柯卡11月份去克莱斯勒公司工作的消息一经公布，震动了福特公司。一般情况下，谁要是被解雇，就拿着养老金不声不响地去佛罗里达州住，从此销声匿迹。而艾柯卡连底特律都未出，亨利肯定不会好受。

被亨利解雇后，艾柯卡本来可以从福特公司得到150万美元的离职金。但是按福特公司的合同规定，如果他在其他汽车公司找到了工作，福特公司就不能支付这笔钱。

“不要担心，”里卡多对艾柯卡说，“我们付给你。”

艾柯卡在福特公司的基本年薪为36万美元，加上不断增加的分红，每年总收入达到100多万美元。艾柯卡知道克莱斯勒公司的境况根本付不起这个数目的薪酬，因此他对公司的委员会说，他只要拿在福特公司时的年薪就行了。

不幸的是，里卡多当时的薪水才34万美元。这就有点难办了，因为艾柯卡是总经理，而里卡多是董事长啊！艾柯卡挣钱比他多看来不合适。公司董事会决定马上给里卡多增加2万美元年薪，把他们俩的工资拉平。

艾柯卡对得到一份高薪从来感到很泰然。他并不挥霍，但是他很重视高薪，因为它代表了一个人的成就。

艾柯卡在福特公司的时候，几乎没有注意到克莱斯勒公司的存在。他们所注视的，除了通用公司还是通用公司，从来不把克莱斯勒放在眼里。甚至在估价本公司和对手竞争成绩优劣的业务月报表上，也从来没有把克莱斯勒公司产品销售情况列上。

但艾柯卡清楚，克莱斯勒公司也有自己的优势以及辉煌的过去。这里的工程技术人员力量一直要比福特公司和通用汽车公司强。他以为这是因为克莱斯勒公司有个工程技术学院的缘故。艾柯卡多次向亨利建议，福特公司也应建立一个工程技术学院，但亨利不同意。

在过去几年里，福特公司曾经挖走了克莱斯勒公司一些最棒的工程技术人员，他们当中有些人后来在福特公司进入了最高层。

汽车工业历史上一个重要人物就是沃尔特·克莱斯勒。他是发动机、变速器、机件的革新者，并白手起家创建了克莱斯勒汽车公司。在他1940年逝世的时候，克莱斯勒公司已超过了福特公司，仅次于通用汽车公司而名列第二，它占有25%的国内市场。

艾柯卡接受克莱斯勒公司时的心愿是希望再度实现那个目标：占有25%的国内市场并击败福特。

艾柯卡知道，虽然克莱斯勒公司在20世纪70年代末经历了一个艰难的时期，但它仍然保持了设计和工程技术革新上的优良传统，使人可以信赖。

他早就了解到，公司20世纪30年代期间首先找到了汽车防震的办法。公司的工程师还发明了高压发动机、化油器和空气过滤器。在汽车工业中克莱斯勒公司的发动机和传动系统是最先进的。

克莱斯勒公司无疑有着值得自豪的过去，艾柯卡也相信它会有一个自豪的未来。它有着一支稳固的汽车商队伍，工程技术人员更是首屈一指。问题只是他们缺少生产名牌汽车的资源。

艾柯卡对自己的能力也充满信心，他不仅熟悉而且精通汽车行业。他从心底里认为，在今后短短的一两年内，克莱斯勒公司将会生机勃勃。

但是事与愿违，外面的形势让这一切都成了泡影。他们先是遭到伊朗危机，接着又是能源危机。

在1978年，还没有人想到第二年春天伊朗将会发生动乱，而汽油价格会成倍增长。接着，50年来最严重的大萧条来临了。

这一切都发生在艾柯卡和克莱斯勒公司签约后的几个月。他怀疑是不是命运之神在跟他开玩笑。艾柯卡后来认为，也许福特公司开除他，就是对他的某种警告。那时他的离职正是时候，一切还没有崩溃，但现在说什么都无济于事了。

当艾柯卡为克莱斯勒这份新工作签约时，他想象不出汽车业的景况会如此糟糕，而且克莱斯勒公司的困难要比艾柯卡意料的多得多。他本该急流勇退，却不适时宜地出山了。艾柯卡不是轻易认输的人，他一直是这样：确定了自己的目标，决不轻易放弃！

当然，这种做法未必是最好的。现在回想起来，艾柯卡不得不承认，在克莱斯勒公司，他有好几次就像站在悬崖的边缘。

登上将沉的大船

1978年11月2日，《底特律自由报》上有两条醒目大标题：《克莱斯勒公司出现历史上最大亏损》和《李·艾柯卡加入克莱斯勒公司》。

多么惊人的巧合啊！就在艾柯卡来到克莱斯勒公司那天，公司宣布连续3个季度的亏损达1.6亿美元。这是公司有史以来最严重的亏损。

然而艾柯卡想："从现在开始，事情一定会变得好起来的。"虽然出现巨额亏损，但公司的股票在那一天收盘时竟然还上涨了几毛钱，这可能是对艾柯卡接管克莱斯勒公司所投的信任票。

上任第一天，几件看起来无关紧要的事，引起了艾柯卡的注意。一件是公司总经理卡菲罗办公的地方像一间过堂屋似的。艾柯卡惊讶地看到，不时有些经理手里端着咖啡杯推开总经理办公室的门穿进穿出。另一件事是里卡多的秘书花好长时间用她的专线电话聊私事！

艾柯卡很快意识到克莱斯勒公司的无政府状态和松散的工作状态，这个公司需要立即整顿秩序和纪律。

他还发现克莱斯勒公司的35个副总经理各自为政；没有真正的委员会机构，没有统一的计划，也不按一定的制度召集会议交换看法。艾柯卡简直不敢相信，工程技术人员可以不与制造部门保持经常性的接触。

里卡多和管理公司财务的比尔·麦加格把许多时间花费在跑贷款的银行上，而不是设法整顿这个涣散的组织和制订长远计划。因为还不起银行的贷款，他们不断地从这家银行跑到那家银行去求情。也就是说，他们经常处理的是日常危机，忙于事务性的工作，只考虑下个月该干些什么而不是明年应该怎么办。

慢慢地艾柯卡发现克莱斯勒公司缺少一套控制财务的完整制度。更为糟糕的是，当需要制订计划时，全公司却没有一个人真正掌握公司目前的财务情况，甚至连你问的是什么问题都搞不清楚！

艾柯卡经常想：公司办成这样，那么董事会干什么去了呢？

对此，当他参加一次董事会会议之后，就全弄明白了。克莱斯勒公司的董事们消息比福特公司的更闭塞，这么说一点也不过分。这里既不放幻灯简报，也没有财务检查制度。只是里卡多念一遍写在一个旧信封背面的几句话算是一种通报。这根本不是经营全国第十大公司的办法！

所有的副总经理都不称职。谁要是在某个方面干得出色，汤森他们就任意晋升谁的职务。他们以为，一个人只要某个方面有能力，就什么都可以干得好。经过几年的调来调去，公司里的人都不能发挥自己的专长。

用人不当是公司存在的首要问题。在北美负责零件服务的一个人被调回来当副总经理主管财务，连他本人也很不满意。艾柯卡不得不请他回去时，他倒如释重负。一位过去一直负责欧洲业务的人被调到这里担任负责采购的副总经理，可他从未干过采购工作。

艾柯卡为这些人遗憾，因为他们要是在合适的位置上也许可以干一番事业。

艾柯卡不得已将原来的35名副总经理解雇了33名，开始时每个月至少有一位副总经理走人。

有几次，艾柯卡也曾设法让其中一些副总经理留任。艾柯卡把保尔·伯格莫泽请到公司来后，曾对他说："尽量设法让这些人留任。"

伯格莫泽和这些经理们一起工作6个月后说："这是不可能的。这些人已经习惯于克莱斯勒公司的一套经营管理办法和工作形态，他们永远适应不了新环境。”

克莱斯勒公司管理不善和工人的士气低落都表现在资产负债表上。这就是其他汽车公司都干得很出色，而偏偏它做得很糟糕的原因所在。

艾柯卡感觉，克莱斯勒公司就像一艘即将沉没的大船，每个人都不关心这条船是否能修补好，而是惊慌失措地想着逃跑或是干一天算一天。人浮躁、散漫无序、杂乱无章，这些词形容克莱斯勒公司当时的状况，是再恰当不过的了。

1978 年，通用汽车公司和福特汽车公司宣布销售额和利润都创了纪录，通用公司售出汽车达 540 万辆，福特公司达 260 万辆。而克莱斯勒公司这年售出汽车不到 120 万辆，远远落在后面。而且，克莱斯勒在国内市场小轿车销售量仅在一年内就从 12.2% 下降到 11.1%，卡车市场销售量从 12.9% 下降至 11.8%。

影响销售额的另一个问题是，人们已把克莱斯勒公司看成是生产老年人用车的公司。调查还表明，买克莱斯勒汽车的客户更多的是蓝领工人、上了年纪的人和文化程度低的人，他们较多地集中在东北部和中西部的工业区，这些地区的人不买竞争性强的汽车。

调查证实了艾柯卡的看法：人们感到克莱斯勒的产品缺少生气，已有些令人厌倦。克莱斯勒的汽车迫切需要有所创新。在汽车这个行业里，如果停滞不前，很快就有被淘汰的危险。

在克莱斯勒公司，由制造部定期通知经销部他们将生产什么车型和多少数量的车子。至于车子是否卖得出去，那是经销部的事了。在艾柯卡看来，这简直是本末倒置。

大部分库存车停放在底特律地区的大片空地上。有一件事叫艾柯卡永远难忘，即有一天去参观密歇根州露天广场，他发现那里停满了几千辆没有卖出去的“克莱斯勒”、“道奇”、“普里茅斯”等型号的汽车。

这是公司市场了解薄弱的有力证明。这个地方到底有多大销售容量他搞不清楚，但汽车的数量肯定远远超过预期的销售量。更糟的是，这些汽车被停放在露天，任风吹雨淋，日趋损坏。而且滞销的汽车停放在露天广场，众目睽睽之下，无疑是做着反面宣传。

库存的汽车总得处理吧，因此每个月的月底，各区负责管理存货的人就举行一次拍卖会来清仓。

就像巴甫洛夫试验的狗一样，汽车商于是越来越依赖这种拍卖会了。他们知道这一天总要到来的，他们耐心地等着。只要铃声一响，他们的心跳就会加快，因为他们马上就可以用低价买进车子了。

艾柯卡心里明白，除非克莱斯勒公司彻底摆脱这种拍卖制度，否则永远赚不了钱。当然也很清楚，要做到这点并非容易。公司里许多人对此已成习惯了，而且成为专业户，以此为生，甚至有点上瘾了。

当他下决心要扫除这一恶习时，他们以为艾柯卡是痴人说梦。克莱斯勒公司的仓库如此之大，已成了公司业务不可分割的一部分。人们难以设想，一旦废除了降价拍卖销售，公司会如何生存。

艾柯卡很强硬地同汽车商谈这件事。他向他们解释，汽车仓库这种制度正在毁灭克莱斯勒公司。他告诉他们，在公司的业务中将不容许有汽车仓库的存在，它将从公司的词汇中被剔除出去。

艾柯卡告诉他们，从今以后，不是公司，而是经销商将承担库存的责任。他明确地指出，除非收到汽车商的订单，否则不生产任何汽车；只有公司和汽车商双方都以正当的、不投机取巧的方法行事，彼此才能都得到好处。

不过光这样说仍不足以解决和改进今后的程序性问题。眼前迫切需要解决的是现有的库存问题，就像艾柯卡对汽车商们所解释的："你们是我们唯一的客户。无论如何你们得买些车回去，而且就在现在。先不去考虑这种局面是怎样造成的，你们只要有选择性地订一点也许会在客户那里受欢迎的车子，其他的先别管。"

当然不能指望一夜奏效，但是汽车商们最后还是和公司一道承担了经济萧条的影响，共同清了仓。其间不知遇到了多少困难。汽车商的存货量已经够大的了，再加上当时利率仍然很高，因此步履维艰。然而汽车商们还是做了他们有必要做的事情。两年以后，克莱斯勒终于可以靠市场的订单来进行生产了。

有了新制度，公司主管经销的代表可以和汽车商们坐下来商量，共同讨论下个月汽车商的订购计划以及对未来两个月需求情况的估计了。一经从汽车商那里得到肯定的订单，公司的生产进度表上就可以安排了，这就保证了可以按市场需要及时把质量好的汽车送出去。

经过一段时间的运行后，这种体制已经十分完善。他们可以通知某个汽车商，如果他想参加一项减价计划，他得先买 100 辆车。他可以参加也可以不参加这项活动，但 100 辆车是实实在在的，而且告诉他月底没有拍卖的了。后来，除非一个顾客指定要买汽车商库存的车，否则都得先填订购单，公司根据订单生产，他在几个星期后方能提取车。

处理库存车已经是够头疼的事了，还有一件事让艾柯卡也非常头痛。他发现克莱斯勒公司居然是世界上最大的租赁公司！这个公司向赫茨和阿维斯两家汽车出租公司提供的小汽车不是卖而是租给他们的。

每过半年，他们又毫无异议将这些车买回来，然后成了二手车商。而汽车商可不要这些旧车，所以他们不得不廉价拍卖。艾柯卡到克莱斯勒的第一年，就核销了 8800 万美元的旧车损失费。

艾柯卡想了这样一个办法：把现有 60000 辆旧车卖给出租公司，没什么利润也干，把包袱扔给他们，让他们去处理。

出租公司将汽车价格压得特别低，尤其对克莱斯勒这样的公司，但克莱斯勒最迫切的需要是将公司的车留在车队里，因为那样还有一个好处。出租公司平均一辆车在一周内租给两三人，也就是说在一个星期里有机会让一辆车给两三人开，而他们中的人也许从来没有开过克莱斯勒公司生产的车。

他们一坐进车子就会问："这是哪家生产的车？"许多租车顾客来信说："你们为什么不推广这种车？怎么这种车汽车商那里看不到？我租了一辆从西雅图开到旧金山，感觉相当不错。"

出租汽车提高了克莱斯勒的知名度，吸引了年轻的、较富裕的、专业人员以及上层社会的买主。过去，这些人根本不考虑克莱斯勒公司的车。

积重难返，可是时间又那么少。艾柯卡觉得当务之急是要让公司有足够的凝聚力，让大家重新振作起来。

在摆脱了那些连自己在做什么都不明白的副总经理后，他开始寻找那些有经验的、又能快速行动起来的人，组织起一支战术高超、能够与他密切配合的队伍，争取在克莱斯勒公司彻底垮台以前重振雄风。

新组建管理团队

艾柯卡非常明白，当前他关键要做的是什么。办企业要的是人、产品和利润。人是最重要的。如果没有一支好队伍，就谈不上产品和利润。

艾柯卡到克莱斯勒公司时，随身带来在福特公司时的笔记本，本上记载着福特公司几百名经理的种种业绩。

当艾柯卡了解到克莱斯勒公司十分缺少优秀财务管理人员后，马上查阅了这些笔记本。几个月以前当他还是福特公司总经理的时候，他曾要求被称为神童的高级财务官员爱德华·伦迪汇报公司有哪些优秀的财务管理人才。

他打开笔记本，开始往下念名字。伦迪把名字用 ABC 排列成优劣等级。A 表上列出的是一些第一流的财务管理人员，但他需要的不仅于此。

艾柯卡注意到 B 表上杰拉尔德·格林沃尔德的名字。他年龄 44 岁，但已经成功处理过很多大问题，艾柯卡很欣赏他。

他曾任职于福特公司在委内瑞拉的分公司。由于他精明强干，这家分公司在当地占有的小轿车和卡车市场比福特公司的任何分公司都要大。

1978 年 12 月，艾柯卡打长途电话到委内瑞拉找格林沃尔德，恰好他们夫妇去参加一个晚会不在家，艾柯卡只好留话请他回电。

格林沃尔德回来后马上猜出了几分。妻子对他说：“不要回他电话！”夫妇俩现在生活得很自在，格林沃尔德正在那里大显身手，去底特律给一家濒临破产的公司服务不会有多大吸引力。

可是格林沃尔德还是回电话了，他们商定在迈阿密会面。他当时脸上留着大胡子，自己也不清楚是不是想到克莱斯勒公司来。

格林沃尔德道出了他的忧虑。他说："多年来我在福特公司一直在努力跳出财务管理这个圈子，到克莱斯勒公司又会回到这个圈子里去。"

艾柯卡对他说，准备让他建立一个财务控制机构，当这个机构建成后，他可以调换其他工作。在他离开艾柯卡的房间正要下楼梯的时候，艾柯卡又把他叫住了。

艾柯卡对他说："格林沃尔德，请耐心等待。你会比你想象的更早一些当上总经理的。"格林沃尔德用怀疑的目光看了艾柯卡一眼，好像艾柯卡是骗他似的。然而艾柯卡是认真的。果然，在不到两年时间内，格林沃尔德成了克莱斯勒公司第二号人物。

格林沃尔德后来又把斯蒂夫·米勒拉了进来。米勒曾经是他在委内瑞拉时期的主要财经管理人员。作为一位主要财务官，米勒对克莱斯勒公司作出了卓越的贡献。

1980 年至 1981 年期间在同几百家银行举行的无数次谈判中，米勒起了十分关键的作用。无论他还是格林沃尔德，在公司的困难时期都表现出惊人的安宁与冷静。如果没有他们，克莱斯勒公司也许维持不到今天。

每当艾柯卡网罗一个新人到他的团队里，他都感到一阵良心上的不安。为了能够把他们招来，他不得不说谎话。

如果说实话的话，他应该对他们说："不要到这里来，你想象不出这里的情况会有多糟糕!"但是他不能说实话。他只能把他自己梦寐以求的希望告诉他们：如果有了合适的人，我们可以挽救公司。

但是斯普里奇就没有这个问题。他比艾柯卡早两年到克莱斯勒，对于这里的情况他知道得比艾柯卡更清楚。艾柯卡曾不止一次地埋怨他："你当初为什么不把这里的真实情况告诉我，你为什么让我来?"

但是艾柯卡原谅了斯普里奇，他在克莱斯勒的经历对艾柯卡招收人才提供了很大帮助，因为他熟悉公司的情况。他像是艾柯卡的先遣队员一样。里卡多只向艾柯卡介绍了公司的负债情况，而斯普里奇却了解公司的全盘。

因此，斯普里奇挖掘出许多被以前的经理部淘汰了的颇有能力的人。他们当中有的处在很低的底层，要发掘出来还得费一番功夫。他发现了一批被埋没的很有前途的年轻人。这些年轻人有才华，有热情，只是因为没遇到伯乐。

好在克莱斯勒公司的“癌症”还没有扩散到全身。虽然艾柯卡不得已撤换了几乎所有的官员，但同时发现了许多富有才干的年轻人。排除了那些平庸之辈，因此发现较优秀的人才就比较容易了，以前的经理部真的就没有注意到他们！

艾柯卡很快就把斯普里奇提升到副总经理，负责产品计划部。不久，又提升他任北美业务负责人。艾柯卡看出，斯普里奇掌握了一套20 世纪 60 年代和 70 年代曾在福特公司行之有效的经验，现在在克莱斯勒公司又证明也是可行的。

格林沃尔德和斯普里奇从一开始就发挥了很大作用，但是毕竟两个人组不成一个管理队伍。他还急需帮助。他知道从哪里得到这种帮助。福特公司的一批退休的经理既有经验又有能力，但完全没有得到发挥。他要利用他们的聪明才智和应变能力来重整河山。

加尔·劳克斯在福特公司既干过销售，也做过推销工作。公司推出“野马”汽车的时候，他曾担任福特部销售经理，后来又担任林肯—默库里部的总经理。

使艾柯卡感兴趣的不光是加尔丰富的阅历，还有他的品格。大家都很信任他，愿意和他喝两杯，说说知心话。艾柯卡清楚，他就是帮助克莱斯勒公司与汽车商建立良好关系的最适当人选。

为了改进质量，艾柯卡把已经退职的汉斯·马赛厄斯请来担任顾问。汉斯曾是福特部的主要工程师，后来又负责过整个福特公司的汽车制造。他的专长是质量控制。

直至他1972年退职为止，在改进福特公司汽车质量方面他做的工作比谁都多。

汉斯曾经使福特公司在质量上大大提高。当艾柯卡请他来帮忙时，他就有点迫不及待了。他用了一年半时间整顿了克莱斯勒公司制造系统的纪律。而且，他是以一个顾问的身份完成这些工作的。

他每天早上去工厂巡视。他会突然从生产线上撤下5个人来，搞来一辆新的丰田汽车，要求大家进行比较。过一会儿，领班的那一位就会说："呃，我们的车真差劲！"

乔治·巴茨比艾柯卡先到克莱斯勒公司。他在改进克莱斯勒公司汽车质量方面做了大量工作。艾柯卡为乔治专门设立了一个监督质量的部门，他是艾柯卡的监督员和解决处理所有质量问题的高级经理。

还有迪克·多奇，他来克莱斯勒公司以前在通用汽车公司和福特公司工作过。他从以前工作过的两个公司带来15位精通质量问题的人才。这一点常常被那些对克莱斯勒公司起死回生感到迷惑不解的人所忽略。

艾柯卡从福特公司带来许多销售、财政和采购方面的人才，但是在造车质量方面，他需要从通用汽车公司和福特公司获得人才。所以他既有新人又有老人，既有领导又有工作人员，还有退了休的，他们都拧成一股绳。就是靠了这个无可匹敌的大熔炉使他们的产品质量得到了迅速提高。

艾柯卡还请了福特公司已经退职的保尔·伯格莫塞来公司。伯格莫塞在福特公司当了30年副总经理负责采购工作。别人都认为办不到的事情，他有多种办法来完成。

伯格莫塞到克莱斯勒公司后，他所看到的情况令他惊讶。他常到艾柯卡这里来说："我正在替你挖掘，但是翻开的大石块下面藏着的东西将会使你难以相信。”他们谈着，有时大笑起来，克莱斯勒公司过去实在毫无章法，这些都随着工作的深入而不断地被挖掘出来。

克莱斯勒的采购部门因低效率而闻名，而做这份工作伯格莫塞是最好不过的了。

艾柯卡了解被他请来的这些人，包括那些退了职又回来工作的人，他们都是敢于迎接挑战的人，也是愿意助人一臂之力的人。这些人具备一种十分重要的素质，那就是内在的意志力。

艾柯卡说：“我感激他们每一个人，我将永远铭记在心。”

要建立一支完整的新队伍，艾柯卡还必须物色一些搞经销的人才。经销是他的专长，他发现克莱斯勒的销售工作不引人注目。他以一种不寻常的办法解决了这个问题。

1979 年 3 月 1 日，艾柯卡在纽约的一个新闻记者招待会上宣布了一项重要决定，决定由设在纽约的曾经为福特公司林肯—默库里部起过非常有效作用的克尼恩—埃克哈特广告公司取代当时负责克莱斯勒广告的扬—鲁比肯广告公司和 BBDO 广告公司。

就是在麦迪逊大街的人们看来，解雇这两家广告公司人员也是一种残酷无情的做法，在广告史上也是第一次发生。这等于告诉企业界，我们敢于采取一些对克莱斯勒公司的转变至关重要的大胆步骤。

当时，克尼恩—埃克哈特公司承担福特公司林肯—默库里部一个 7500 万美元广告业务。为了跟克莱斯勒公司合作，它不得不立即放弃这笔生意。艾柯卡相信，亨利决不会愿意听到这个消息的，这对他将是一个很大的震动。

被替换的两家广告公司其实是相当不错的。但艾柯卡的事情太多，早已下决心要简化一些。他赔不起时间同两家完全生疏的广告公司打交道，他没有时间把他的思想或者经营方式一一教给他们。因此他用所熟悉的人员来代替，他们对我很了解，我也对他们了解。只要艾柯卡说出上句话，他们就知道他下句话要说什么了。

在艾柯卡看来，克尼恩—埃克哈特是最棒的一家广告公司了。他们曾有“福特有个好主意”这样的杰作，豹的标记就是他们搞的，“豹牌”系列汽车是林肯—默库里部十分关键的一部分。在该公司的协助下，林肯—默库里部1970年的汽车市场扩大了一倍。艾柯卡发现这家公司能够顶住压力，战胜危机。

后来他们成了艾柯卡销售和联络的左右手。

艾柯卡已有了一个完整的球队，他们可以上场了。遗憾的是赛球的季节过去了一半，他们远远垫底了。即使这样，艾柯卡还是坚定地认为他们重上赛场只不过是时间问题。

他没有认识到在他们成为可以与老练的纽约“洋基”棒球队匹敌以前，他们还得在很长一段时间内充当以往老吃败仗的芝加哥“小熊”棒球队！

遭遇到经济危机

班子调整后，艾柯卡对克莱斯勒公司的复兴充满着信心，认为这只是个时间问题。但他没想到经济萧条会持续那么长时间，也没想到这会给克莱斯勒带来那么沉重的打击。

随着销售量的急剧下滑和各公司纷纷让利销售，艾柯卡开始意识到，克莱斯勒公司的经济要恢复过来得要几年时间。

在福特公司工作期间，美满的家庭生活常使艾柯卡引以为自豪。无论工作上遇到多大麻烦，家庭可以使他忘掉一切。现在，他的心绪难以平静下来，常常在半夜里惊醒。他夜以继日地工作着，有时甚至怀疑自己能否保持心智健全，因为一个人冲刺时间太长了会喘不过气来。

虽然艾柯卡有一个能够理解他的妻子，然而伴随着艾柯卡在汽车业度过 25 个春秋后，她也开始担忧了。

现在克莱斯勒问题之严重使公司的不稳定局面广为人知。艾柯卡意识到，对于传说公司很快就要倒闭的恶毒谣言必须设法制止。一个人花 8000 美元或 10000 美元买一辆新车，他当然要考虑这家公司能不能继续营业，在一两年内能否提供部件和其他维修服务。如果他总是听说克莱斯勒公司可能要破产的消息，那么他就不会匆匆忙忙来买这个公司的车了。

克莱斯勒公司很快成了大家说笑话的目标。全国的漫画家们都利用克莱斯勒这一题材大肆渲染。而这些都是次要的，更严重的是大批的加油站关门歇业，这对于汽车业来讲才是最大的灾难。

实际上，虽然没有预料到石油危机，但艾柯卡他们不是没有采取应变措施。他们在1979年设计1983年的汽车型号时曾合理地设想，到1983年汽车生产出来时，汽油价格将达到2.5美元一加仑。

但到了1983年又有人大喊："这是傻瓜干的！汽油现在又便宜了，应该给我们大型汽车！"

艾柯卡说："如果有人告诉我，1979年汽油价格会增长一倍，而4年以后尽管物价涨了，汽油还保持这个价格不变，那我一定说他是个疯子。对伊朗危机和危机所产生的影响都能未卜先知，这是不可能的。"

那些时候，在加利福尼亚和华盛顿，人们为买汽油排成长长的队伍，在纽约的一些加油站还发生了骚乱。人们惊恐不安，尽量想法子把油箱装得满满的。有的人甚至在行李箱里再安上一个5加仑的油桶，或者放进一只50加仑的油箱，以防万一。

美国国会开始讨论汽油定量供应问题。杂志上刊登着底特律市如何陷于窘境的封面文章。可以肯定的是，怕买不到汽油也好，怕汽油涨价也好，不管是V－8发动机汽车、轻型货车、大卡车还是家庭用车市场都大幅下滑。

这场大变动虽然伤害很大，但艾柯卡上任后，克莱斯勒公司的人相信他们能够适应这种新的形势。其实也不是没有办法，艾柯卡认为，只要能够在今后5年内对新工厂的投资增加一倍，大量生产那些适合市场的新车，并薄利多销，他们就有希望生存下去。

正当他们要开始采取重要步骤的时候，国家又陷入了经济衰退！一波未平，一波又起，这让艾柯卡有些招架不住。全国的年汽车销售率下降到只有过去的一半。投资需要加倍而收入只有往年一半的行业无论如何难以生存下去。

艾柯卡已经没有赌注可下。这种情况前所未有，又无规律可循，这才叫前途未卜。而自从他1946年开始从事汽车行业至1979年3月，艾柯卡还从来没有对成功地办好一家企业产生过任何怀疑。

艾柯卡这时觉得自己要做一名像表兄那样的战场上的军医了。他的表兄在第二次世界大战期间是战地医院的医生。他回国后跟艾柯卡讲过许多“分类”丑闻。他常常说，这里有个主次先后的问题。

如果医生接到40名重伤士兵，他们就必须迅速考虑：“一共只有3个小时，我们能够抢救几个?”他们只好选择救活的可能性最大的几名，其余的只好听天由命。

现在克莱斯勒公司也是同样的情况。艾柯卡想，必须动外科手术，抢救可以抢救的部分。情况好的时候安心地对亏损或微利的工厂进行各种研究和诊断，但现在没有时间了。

同时，艾柯卡还得考虑，一旦危机过去，还得保留足够的部门迎接复苏的到来。这似乎挺简单，但说时容易做时难。这需要勇气，同时也需要有足够准的判断力。

克莱斯勒开始关闭一些工厂，其中包括密执安里昂的一个修配厂和一些很有历史的老厂。关闭这些工厂时引起了许多团体的强烈抗议，但是他们实在没有办法。

同时，他们还得保证那些供应商能继续提供原料、部件，尽管他们支付这笔钱有困难。他们首先要使他们相信克莱斯勒公司不会倒闭。但供货商是骗不了的，他们对克莱斯勒公司的情况很了解。他们被邀请来参观公司今后的新产品，让他们明白克莱斯勒公司会生存下去，并且需要他们的支持。

为了省钱，他们建立了一种制度，就是零部件到要用的时候再运来。这个办法称作“准时运货法”，是一种节省开支的好办法。

另外改变的是加快机器部件和其他物资运抵有关工厂的速度。例如，从印第安纳的科科莫用火车运传动轴到伊利诺伊的贝尔维德，再用卡车运到工厂，只需要一天工夫，从而大大缩短了整个流程的周期。

几个月后，他们的“准时运货法”十分有效，如果底特律的发动机工厂罢工，他们在温泽的工厂 4 个小时以后就能把发动机生产出来！

他们尽可能地节省开支。在设计 K 型汽车的时候，为了让运输时车皮里能够容纳下更多的汽车，他们精心地把它的长度设计得不超过 4.5 米。在一般情况下，这类事没有人注意，然而现在是陷入危机的时候，他们要想尽一切办法，能省就省。

到了该提交 1979 年度总结报告的时候，他们决定取消公司按传统习惯向其股东发送彩色画册的做法，而给了他们一本用白色再生纸印的简单而又明了的文件。这不仅节省了不少钱，而且带给股东们一个信息：公司困难，尽量节俭。

光是省钱还不行，必须弄到一笔现金应付日常开支。因为缺钱，他们把全部的汽车商不动产卖给了堪萨斯州一家公司，其中包括在市区的 200 处。在过去，正是这些不动产保证了克莱斯勒公司的汽车商能够分布在全国具有战略意义的重要地区。

为了在必要的地点再保留一些汽车商，后来他们不得不把卖出去的财产又买回来一半，其价格却是拍卖时的两倍了。卖掉汽车商不动产看来是个大错。但另一方面，他们又急需现金。在当时，那 9000 万美元在艾柯卡眼里就像是 10 亿美元。

约翰·里卡多在退职以前设法使公司避免了几次更为严重的错误。他同日本三菱汽车公司达成一笔交易，把在澳大利亚的几家分公司卖给了三菱公司。

他还把在委内瑞拉的业务卖给了通用汽车公司，把在巴西和阿根廷的分公司卖给了福特公司；还同标致公司做了一笔交易，把欧洲的分公司卖给它。经过这些变动以后，克莱斯勒公司只留下美国、加拿大和墨西哥 3 处业务部门了。

过了一段时间，他们又不得不把生产坦克的工厂以 3.48 亿美元卖给通用动力公司。作这个决定很棘手，因为国防部加入了这个分公司，每年5000万美元的利润实际上得到美国政府的保证。

即使如此，他们必须把它和急需筹集资金渡过难关进行权衡。最后，艾柯卡也只能是无可奈何地忍痛割爱。因为他们急需钱付给材料供应商一笔预备金，以便使他们同意延期付款，他们只能集中力量于小汽车和卡车生产上。

当时利率很高，如果他们不是为了生存而急需现金把通用动力公司付给的3.48亿美元投放资金市场的话，一年就可赚5000万美元。而5000万美元几乎相当于坦克工厂一年的利润。就在那个时候艾柯卡产生了买银行的念头。用钱来赚钱比制造小汽车、卡车或坦克赚钱容易得多！

为了保证克莱斯勒公司继续生存而采取的所有措施都困难重重，但最困难的是裁减人员。1979年和1980年他们不得不解雇了几千名工人，有蓝领工人，也有白领工人。1980年4月他们又削减了7000名白领工人。这样一年可节省2亿美元的开支。

更早几个月，他们还解雇了8500名领薪水的工人。

这两次裁员可以使他们一年节省5亿美元的支出。裁员在整个公司里广泛进行，包括主管和印第安人在内。

解雇人是一种悲剧，谁也伪装不了。裁年龄大的人多数由艾柯卡亲自处理，这是不能推托的事，还要把实情告诉他们。艾柯卡自己也被人解雇过，因此他懂得哪些事不该做，哪些话不该说。他设法向他们解释，并且给他们尽可能优惠的养老金。有些情况下还尽量把规定放松一点。

被解雇当然不是愉快的事，因此对被解雇者要怀有同情心。要设身处地替他着想，而且应该承认，不管你作什么安排，对于他来说也是一生中倒霉的日子。如果他认为不是他的过错所致，自己成了经营管理不善的牺牲品，或者他觉得公司领导从来没有真正关心过他的话，他在这种时候的情绪尤其不好。

因为必须迅速采取行动，在这个过程中肯定会有人受到不公正的指责。艾柯卡承认负有责任，但这是一种紧急措施，他只能尽最大的努力去做。

大多数被解雇的人后来都慢慢找到了工作，有的还从事汽车这一行，有的做供应材料，有的当教师或做咨询员。艾柯卡不忍让他们离开。作为一个整体，他们比他在福特公司熟识的同事还要友好和亲切，但是最后还是不得不让他们走。

看着他们一个个被撵走，艾柯卡震动很大。这使艾柯卡反复考虑社会责任问题，这是他在福特公司时从未认识到的。在福特公司，艾柯卡和其他高级经理一样从不关心这类事，而且也从没有发生过这种危机。

逼得他解雇许多工人这种事过去从未碰到过。并不是他突然良心发现，而是感到有必要说："是不是所有依靠我谋生的人都觉得我做得对，我没有把握。"

由于克莱斯勒公司经济很困难，大多数参谋人员也被辞退了。艾柯卡从来都在干第一线工作，所以削减参谋班子人员感到不那么困难。他的想法很简单：需要有人造汽车和卖汽车。但是如果造了一辆车而有人指手画脚地说这辆车还可以造得更好一些，这样的人他们供养不起。即使他说得对，他们也来不及考虑了。

随着那些参与决策的参谋人员的被解雇，他们减少了管理的层次。起初这样做纯粹出于生存的需要，但后来艾柯卡发现，用较少的人来办一家大公司实际上更省劲一些。

事到如今他们认识到，克莱斯勒公司人员多，机构庞大对快速地适应市场变化极为不利。这也算是他们在这次行动中额外的收获了。

无奈向政府求援

早在危机开始时艾柯卡就很清楚，只有采取紧急措施才能挽救克莱斯勒公司。虽然他们采取了包括尽一切可能节省开支等措施，但是公司的经济状况越来越坏，亏损越来越大。他们已没有能力自救，如果要想生存下去就得求援。

艾柯卡认为只有一个办法能摆脱困境，那就是向政府求援。

“有什么法子呢?”艾柯卡回答说，“这是唯一的出路。”

他们能尝试的别的办法都试过了。1979 年至 1980 年期间，曾经举行过几百次投资者会议。但是大多数投资者到头来都是说空话的、骗人的，或者心有余而力不足。凡是有可能给予他们帮助的人艾柯卡都找过，但是都没有希望。

还有就是去找那些声称能够代表富有的阿拉伯人的中间人。艾柯卡知道有许多阿拉伯人是很富有的，他们甚至不断查找 150 多位阿拉伯头面人物各种线索。

艾柯卡常问财政部：“从哪里还能找到富有的阿拉伯人?”他会晤过 10 多位同阿拉伯人有些关系看上去似乎有点希望的人，但多数被证明是骗子。他们都说自己可以接近某个将要来这里投资的阿拉伯王子，但都毫无结果。

艾柯卡同大众汽车公司的总裁托尼·施默克进行过更为严肃认真的讨论。自从 20 多年前托尼在福特公司德国分公司从事采购工作以来，艾柯卡和他一直是好朋友。

他们曾就大众汽车公司和克莱斯勒公司合并的“宏伟计划”进行过秘密谈判。他们计划两个公司联合生产一种汽车，克莱斯勒在美国国内销售，大众汽车公司在欧洲市场销售。

早些时候，克莱斯勒已经就每年向大众汽车公司购买 30 万台 4 缸发动机安装在“欧尼斯”车和“地平线”车上一事做了安排，这两种车都同大众汽车公司的“兔牌”汽车有许多相同之处。因此从某种程度上来说，双方已经迈出了合作的第一步。

实行这项计划显然是有好处的。克莱斯勒的汽车商网点将会大幅度增加，可以在固定开支下推销出更多的汽车。

艾柯卡和斯普里奇一直在谈论这件事。克莱斯勒公司和大众汽车公司的合并将代表着“全球汽车公司”的一个开端，他们都对这个计划的可能性表示乐观。同大众汽车公司的合并一旦成功，可以毫不费力地再找一家日本公司进行合作。

这时，克莱斯勒公司同大众汽车公司的谈判已经进入到实质阶段，问题就出在大众汽车公司看到了目前克莱斯勒公司的收支情况后，就退出不干了。他们认为这项计划太冒风险了，到最后也许不是他们把克莱斯勒拉上岸，而是克莱斯勒把他们拖下水。

想和克莱斯勒合并的还有其他公司，包括约翰·德洛里的公司。德洛里离开通用汽车公司后自己办起一家汽车公司。他找艾柯卡讨论关于他的公司同克莱斯勒合并的事。

他来访时，两家公司都处在危机之中。艾柯卡对他说：“我父亲对我说过，决不能把两个失败者放在一起，所以还是等我们两家当中的一家有起色后再来谈这个问题吧！”

最后，艾柯卡又和那些可能会给克莱斯勒帮助的人士举行过许多次会谈，但最终不得不向政府求援。但是他们一开始并不是以申请贷款保证的方式要求政府援助的。

约翰·里卡多和艾柯卡一样，变得一天比一天着急。虽然他即将离职，由艾柯卡管理公司，但从技术上讲他还是公司的董事长。里卡多认识到公司这条破船将很快下沉，除非立即找到一种补救办法。为此他前去华盛顿。

他首先争取国会支持对政府有关规定冻结两年的要求。这可以使他们把钱用在生产耗油率低的新汽车上，而不是全力以赴去榨取排气管里的最后一克碳氢化合物。

里卡多的做法是对的。虽然克莱斯勒公司的许多问题是管理不善直接造成的，但是政府对公司目前的局面至少负有部分责任。

政府制定了一些关于汽车安全和控制废气排放的既强硬又考虑欠周到的条例，接着他们对美国的汽车公司说："不许你们联合起来对这些问题进行共同研究和发展，必须由各家公司单独地进行。"可是他们忘了，日本采取的战略正相反。由于日本的汽车公司不需要遵守反托拉斯法，他们的才智能够得到集中使用。

由于反托拉斯法，通用汽车公司、福特汽车公司、美国汽车公司和克莱斯勒汽车公司无论如何都要分别设立有关机构，而研究的是他们共同存在的问题，这给像克莱斯勒这样的小公司增加了许多额外的负担。

由于世界石油危机的影响，石油价格增长了一倍，他们不得不转而生产前轮驱动和高度节油汽车。这样，单是应付日后汽车生产一项，克莱斯勒公司每月开支就得1亿美元。

另外，每个星期五他们还必须拿出2.5亿美元发工资和支付上周购买的零件费用。公司的趋向和前景如何已是不难预见的了。

1979年8月6日，威廉·米勒停止担任联邦储备局主席而充任财政部长。他在任联邦储备局主席时曾对里卡多说，克莱斯勒公司应当寻求政府的帮助，否则会遇到破产。

他一上任首先宣布，他赞成政府对克莱斯勒公司给予支持，因为这种支持符合民众的利益。但是他却不同意提供税赋优惠。不过他说，如果克莱斯勒向卡特政府提交一份如何继续生存的全面计划，政府会考虑提供贷款。

到这时候艾柯卡才决定申请贷款保证，即使这样，他们内部还进行过激烈的思想斗争。尤其是斯普里奇持坚决反对的态度。他认为政府插手会毁了公司，艾柯卡不敢说他的话错，又没有别的办法。

“行，”艾柯卡说，“你不愿意去找政府是吗？我也不愿意，那么你给我一个更好的办法吧！”

然而大家都没有其他法子，宣告破产根本不是他们的选择。就这样他们勉强决定向政府提出要求贷款的申请。

他发现要求政府贷款有过许多先例，甚至华盛顿的地下铁道也得到过。艾柯卡一次又一次地同编辑和记者们谈过，他们不过是步别人的后尘罢了。

“还是面对现实看一看吧！”艾柯卡说，“地下铁道不过是首都的一件展览品而已。”

“展览品？”他们说，“这是运输网。”

“那好，”艾柯卡说，“你们到底认为克莱斯勒是什么？”

对任何愿意听取意见的人，艾柯卡继续向他们强调，克莱斯勒的这种情况并不少见。相反，他们是美国正在发生的不正常情况的一个缩影，汽车工业受到的打击比任何工业都要大。政府的条例、能源危机和经济衰退使他们招架不住。

克莱斯勒公司值得一救吗？

对于政府可能向克莱斯勒公司提供贷款一事，从一开始就几乎人人反对。不出所料，最激烈的反对来自企业界。大多数企业领导人强烈反对贷款计划，许多人公开表明他们的观点，其中包括通用汽车公司的托姆·墨菲和花旗银行的沃尔特·里斯顿。

他们中的大多数人认为，联邦政府向克莱斯勒公司提供贷款的做法背离了美国精神，是对这一精神的一种亵渎。各种忠告像流水一样向艾柯卡涌来，种种陈腔滥调死灰复燃。

例如，有人说：“贷款保证违反自由企业精神，它会鼓励失败，并且削弱市场纪律。应该像流水一样顺其自然，适者生存。不要在一场比赛的中途改变规则。失败对于资本主义来说就像惩罚对于基督教徒那样自然，自由竞争精神永存。”还有其他各家说法，应有尽有。

全国制造业协会强烈反对政府提供贷款。在 1979 年 11 月 13 日的一次会议上，它下属的企业圆桌会议政策委员会就克莱斯勒公司的形势通过了以下声明：

办企业的一个重要前提是允许失败也允许成功，既可亏损也可盈利。不管失败给某些公司和个人带来了多大的困难，由于企业得到尽可能自由和充分经营的许可，因此作为国家广泛的社会和经济利益仍然得到最好的照顾。

按修改以后的法令看，失败和重新组织的后果，换句话说就是破产虽然严重，但也不是不可想象的。

现在，政府、企业和群众越来越意识到政府干预经济活动付出的高昂的代价和收到的低效率，因此建议政府进一步参与经济活动就尤其不妥当。现在是重申“不要政府帮助”的原则的时候了。

这项声明使艾柯卡十分恼火。他写了这样一封公开信：

先生们：

就在我在华盛顿为克莱斯勒公司的贷款要求作证的同一天，克莱斯勒公司为其成员之一的企业圆桌会议发表了一项反对“联邦政府帮助”的新闻公报。得悉此消息，我极为不安。

为此，本人有几点保留意见：

你们圆桌会议的工作人员表示，你们在准备这个声明过程中没有同任何研究破产问题的专家商讨过这个问题。否则，我相信这个声明不会对破产的优越性怀有这么大的自信心。

受雇于克莱斯勒公司的全国几十万工人在这场关于他们前途的大辩论中拥有最大的发言权。

最后，请接受克莱斯勒公司退出企业圆桌会议的要求。

这就是艾柯卡要对企业圆桌会议说的话。艾柯卡想告诉他们："也许你们是美国的企业名流，但你们却是一帮伪君子。你们的决定只取决于你们自己的利益是否受到影响！"

克莱斯勒受到了孤立和围困，但艾柯卡的立场是明确的。他对那些人说："主张自由办企业的资本主义是目前世界上最完美的经济体系，我百分之百地支持。但要事事平等，这才是它唯一的出路。"

当然，过去的管理不善要负大部分责任。克莱斯勒完全不应当以产品投机，不应当扩大海外市场，不应当生产式样陈旧的汽车，它应当多注意产品质量。

但是最终使克莱斯勒公司陷入困境的是越来越多的政府法规的无情束缚。艾柯卡用了一周的时间向国会说明情况。

他们不断地问："你为什么老到这里来大叫大嚷法规？"

艾柯卡说："因为是你们制定了这些法规，却把责任归咎于我们。"

他们接着又说："那是愚蠢的经营管理所致。"

艾柯卡不想争论下去了。

"行，"艾柯卡对他们说，"我们不要再争论了。你们法规占50%的错，我们经营管理上占50%的错。你们想让我做什么？把那些过去做错事现在已不在这里的人绑到十字架上钉死？还是让我们回到现实问题上来吧！是你们致使我们陷入了困境！"

艾柯卡认为，反对者从来就没考虑过挽救克莱斯勒公司倒闭，将会造成包括公司的雇员、汽车商和材料供应商总共60万人失业的危险。

艾柯卡去找政府并且对他们说："如果有必要保护个人，那么保护他们的公司同样有必要。有工作就可以使他们有饭吃。"

他们的争论涉及竞争问题、工人就业问题，但最为重要的是对于经济问题的争论。艾柯卡不得不把不同选择的结果列出来，这让财政部意识到，如果克莱斯勒公司倒闭了，国家仅在第一年就要向公司的失业工人支付失业保险费和福利费27亿美元。

艾柯卡对国会说："你们可以选择，你们愿意现在就付27亿美元呢，还是愿意提供以后有机会归还的只有27亿美元一半数目的保证贷款？前者现在就付，后者以后再付，供你们选择。"

艾柯卡一面在国会内外展开激烈的争论，另一方面想方设法积累资金，包括把债券卖给其他公司。但是艾柯卡情绪低落，因为不管他走到哪儿，都没有人说这句话："坚持下去吧，你会成功的！"

在国会辩论过程中，人们普遍赞成以宣告破产来解决克莱斯勒的问题。根据联邦政府的破产法令第十一章规定，在他们的内务整理完毕之前，归还债务方面将得到保护。几年以后，克莱斯勒也许成了一家规模不大而经济蓬勃发展的公司。

艾柯卡请教了多方面的专家。他们告诉说，正像艾柯卡已经知道的那样，按照他们的情况宣告破产将是一场大灾难。

不谈克莱斯勒公司本身，这个美国历史上最为严重的破产对国家会有什么益处？据有关资料估计，克莱斯勒公司的倒闭将使美国公民增交失业、福利等税金160亿美元。

宣告破产将付出如此重大代价！在全国对克莱斯勒的未来展开争论的过程中，各种舆论都对克莱斯勒肆意抨击。

《华尔街日报》尤其冷酷无情。他们拿贷款保证大做文章，在一个使人难以忘却的社论标题下，他们把贷款保证称为"克莱斯勒的无能"。

在贷款危机期间，克莱斯勒借到的贷款还只有按法律所应借到的那部分的时候，《华尔街日报》的一篇社论《让他们体面地死掉吧》轰动一时。

艾柯卡气极了。他给那位报纸的主编写信说：“实际上你们是说，因为病人服下药方规定的一半药量后还没有完全恢复健康，所以就应该把他弄死。幸好你不是我的家庭医生。”

“我们需要的是帮助，而不是施舍！”艾柯卡生气地对不明真相的人说：“许多人不理解。他们以为我们要求施舍，好像觉得卡特总统送了我一张祝贺克莱斯勒公司早日恢复生机的慰问卡，里面塞满了面额10美元、20美元崭新的钞票，总额高达10亿美元。许多好意的美国人显然认为，克莱斯勒公司已经得到了一纸袋现款，而且这10亿美元无须归还。要是真的该多好！”

援助案获得通过

艾柯卡说，在众议院或参议院作证的滋味，绝不是好受的。但是，只要存在着得到贷款保证的一丝希望，他还得亲自出马。这是无法请人代替的！

参众两院听证会场的设计很有特点，议员们居高临下，证人必须抬起头来才能看到提问者，从心理上就处于不利地位。当然，那些电视摄像机的强烈灯光会始终照看你的眼睛。

艾柯卡被称作证人，其实不甚确切，实际上他是被告。他得一小时一小时地坐着听国会和新闻界对他的审判，即所谓的克莱斯勒公司的管理错误，有真的也有凭空想象出来的。

在这些听证会上，艾柯卡全得靠自己。一切都是即席式的，问题突如其来，经常是多种含义。助手们经常给议员们递条子，只有他孤军作战，要应付一切。

克莱斯勒被指责为缺乏眼光，不能像聪明的日本人那样造出一加仑油能走50千米的小汽车。

艾柯卡反驳说，在这个问题上，消息比他灵通得多的美国国务院、洛克菲勒，甚至卡特总统、基辛格博士都不能先知，何况他这个不搞政治的人。

他们还受到谴责说，没有准备好与政府能源部制订的燃料分配方案相配合，以致在加油站发生种种事端。在国会和新闻界的眼中，克莱斯勒公司是有罪的，他们丢失了市场，他们理应受到惩罚。

克莱斯勒确实受到了惩罚。在国会听证会期间，他们成了向全世界表明美国工业一无是处的活生生的典范。报刊社论版上经常出现文章，羞辱他们未能体面地关门了之。他们成了漫画家的讽刺目标。连艾柯卡的妻子儿女在商店中、在学校里都成了人们耻笑的对象。

艾柯卡付出了比关门和一走了之更大的代价。这些指责和耻笑变成了个人间的恩怨，而且是有针对性的。

10月18日，艾柯卡第一次出席由众议院银行、财政和城市事务委员会举办的听证会。全体委员们都参加了，这本身就很说明问题。因为通常情况下，大多数委员是不参加的，他们还有别的许多会议在同时进行，而听证会往往由国会的助理们承担任务。

艾柯卡一开始很简单地提出了他的证词："我相信诸位都明白，我今天在这里绝不是代表我一个人说话，我代表着成千上万靠克莱斯勒公司为生的人们。事情就是那么简单。我们有14万职工和他们的家属，4700家汽车商及所属的15万职工，19000家供应商和其他雇用的25万人，还有这些人的全部家属。

"对于克莱斯勒公司到底想向政府提出什么要求，人们含糊不清。所以我在听证会清楚地表明，我们绝不是要求施舍，也不是索取礼物。我提醒国会，克莱斯勒公司正在申请一项贷款的保证，我们将偿还每一元钱，而且都是有利息的。"

艾柯卡在开场白中，向委员会阐明了几个重点：

第一，形成克莱斯勒公司困难局面的因素有4个，即管理不良、政府过多的规定、能源危机和国家经济萧条。整套管理制度他们已彻底改革，而后3个因素不是他们公司所能左右得了的。

第二，克莱斯勒公司已经采取了迅速果断的措施。已将不赚钱的资产卖掉，并已筹集到一笔可观的资金；一年内减少固定成本6亿美元；降低了公司1700位高级职员的薪水；取消了一切加薪制度；暂缓实施职工认股计划；减少股利。

还第七条，克莱斯勒公司在今后的5年计划里有健全规划，并且是基于保守的设想上的，将会改善市场占有率，很快会赚钱。

后来在听证会过程中，艾柯卡又将各点作了进一步的阐述。

无休止的提问，无休止的非难。有些委员会的成员根本不相信克莱斯勒公司如今已推行一套全新的管理制度。不足为奇的是，绝大部分人根本不想考虑联邦政府的种种法令和规定如何束缚人们的手脚。因此，他们继续指责克莱斯勒公司前任领导的错误，并要求艾柯卡作出解释。

每个人都在找替死鬼。可是艾柯卡不愿意把所有的责任都一股脑推到前任身上。因此他在听证会上作证时把重点放在政府设置的障碍，即各种规章制度上。

他还提到，现在人们有一种错误的看法，好像克莱斯勒公司只生产耗油的大型车，不生产省油的小车。他指出就在他出庭作证的这段时间，全美各地有 50 多万辆克莱斯勒生产的新型号小型车行驶在公路上，远比其他汽车公司多。而且，新设计的 K 型车也将在年内推出。

他解释说，问题不是他们生产了太多的大型车；事实上，他们生产得还不够。只有大车才能盈大利，就像肉铺里只有靠卖牛排而不是做汉堡包用的肉馅才能更赚钱的道理一样。

参、众两院的听证会实际上只是整个事情的一小部分而已。艾柯卡的大部分时间花在小型的秘密会议上。他与参议院的唯一女议员堪萨斯州的南希·卡塞布恩谈了很多。艾柯卡以为她一定会支持克莱斯勒，结果她却投了反对票。

幸运的是，众议院的意大利裔议员支持了他。

一天，新泽西州的彼得·罗迪诺议员把艾柯卡带进一间会议室说："我想请你跟我的伙伴们谈谈。"

房间里坐了 31 位议员，其中 30 人投票支持。他们中有的是民主党人，有的是共和党人。在这个案子里，他们是投支持票的。

由于时间不够，艾柯卡始终未能与议员中的黑人进行会晤。但他曾与他们中的领袖马里兰州的巴隆·密切尔见过面。

1979 年，全美国黑人的工资里，有 1% 是由克莱斯勒公司发放的。在他们申请贷款保证的联盟中，黑人起了极重要的作用，使得克莱斯勒公司有成功的机会。

底特律市的黑人市长库尔曼·扬曾几次到华盛顿参加国会听证会，支持他们。这位市长指出，一旦克莱斯勒公司破产，对底特律的影响是不堪设想的。这位黑人市长曾是卡特总统的早期支持者，他就克莱斯勒公司的形势对卡特总统的进言是很有影响的。

在 1979 年的最后 3 个月里，艾柯卡受到了沉重的压力。他一星期要去华盛顿两三次，还要维持克莱斯勒公司的正常运转。与此同时，玛丽又糖尿病发作。有几次艾柯卡不得不放下在华盛顿的工作，飞回底特律陪她。

每次艾柯卡去华盛顿，一天都要安排八九次会见。每到一处，他都要重复一次同样的讲话内容，提出同样的重点，面对同样的争论。

有一次他走在国会铺着大理石的走廊里时，突然感到有点不舒服，整个人好像走在棉花上，头晕目眩，差一点昏倒，视线所及都是双影的。

有人马上把他送进了医务室，然后送到众议院的卫生所。医生检查的结果是头晕症，20 年前他曾经犯过一次。

记得那次他和麦克纳马拉一起走在福特公司的走廊

上，艾柯卡直往墙上撞。麦克纳马拉说："怎么啦，李？你喝醉了，还是闹病了？"

"没有啊！"艾柯卡甚至没有发觉自己有毛病。

"那你怎么老往墙上撞？"他问。

头晕症是由于内耳失去平衡而致，这是旧病复发。检查出院后艾柯卡又犯过一次。紧张和压力使他觉得脑袋里装满了石头，不过他总算熬过来了。

在这段含辛茹苦的日子里，艾柯卡的首要问题是加强消费者对克莱斯勒公司的信心。在国会举行听证会期间，公司的销售情况大幅度下降。精神正常的人，谁还愿意向快要关门的公司买车呢？愿"考虑考虑"买克莱斯勒公司汽车的顾客的比例，一夜之间从 30% 降至 13%。

如何对待这种危机，公司里有两种意见。大体上说来，负责公共关系的人员主张保持沉默，他们说："只要稳定不慌，事情就会过去。最糟糕的就是引起人们对克莱斯勒困顿状态的注意。"

但是为克莱斯勒公司代办广告的埃克哈特公司的人却大为反对。他们的观点是："情况已经很危急了，你是静静地躺着等死呢，还是大叫一声死去？我们建议大叫一声死去。这样，至少发出了响动，有人听到你要死了。"

这符合艾柯卡的性格，他采纳了他们的建议，要求广告公司向顾客推出一系列未来服务保证的广告。他们希望大家弄清楚两件事：第一，克莱斯勒公司决不关门；第二，正在生产着美国真正需要的汽车。

除了通常那种介绍新产品的图文并茂的做法外，艾柯卡他们针对克莱斯勒公司本身对贷款保证的看法，以及公司的长远规划等，发表专论性文章。他们不仅在推销公司的产品，更在宣传公司的未来。他们利用广告这个正常渠道，宣传他们的事业而不仅仅是汽车。

在这些被称为“花钱的公共关系”广告里，做了许多有利于克莱斯勒的正面宣传，也澄清了一些似是而非的说法，其中包括克莱斯勒公司不仅仅制造耗油的大型车，他们并不要求政府的赠予，他们所申请的贷款保证绝不会造成一个危险的先例，等等。

这些广告非同一般地直率、坦诚。因为他们非常了解顾客的心理，所以在广告中站在消费者的立场，设身处地地为他们着想，解决他们可能对公司产生的疑虑。对于那些不实的新闻报道，光是不理睬是不够的，不妨面对挑战，并以事实取代谣言。

他们在其中一则广告中用醒目的标题说出令许多消费者产生思考的话：“没有克莱斯勒的存在，难道美国人的日子会过得更好吗?”

在另一些广告中，他们设想了一些最敏感的问题并给予回答。

例如，克莱斯勒改造小汽车的速度是不是太慢了？是不是克莱斯勒的问题没有人能解决得了？克莱斯勒公司的管理阶层真的无力转危为安了？克莱斯勒还有前途吗？

这些广告还有一点与众不同的是，每一张上都有艾柯卡的签名。他们希望公众了解，克莱斯勒公司已经开始了一个崭新的局面。至少，一家行将破产的公司的负责人必须保证有信心。他会对大家说：“我就在这里，实实在在地在这里。我为这家公司负责。为了表示我说话是算数的，本人在横线上签着名。”

最后，他们终于使公众相信，克莱斯勒还是一家可靠的公司。在所有广告上签名的同时，艾柯卡也请大家给他写信，说出他们的不满和问题。他们向社会宣布，他们这家大公司现在由一位把自己的姓名和声誉全部投入其中的人在经营着。

这场广告运动十分成功。艾柯卡可以肯定，它在促使国会同意给予贷款保证这件事上，也起了巨大的作用。当然，做广告的最大缺憾是，你搞不清楚到底是广告的哪一点真正起到了作用从而改变了人们的思想。

但是艾柯卡听到有消息说，卡特政府及国会里的人都手里拿着这些广告进进出出，从一个办公室跑到另一个办公室，有的高兴，有的愤慨，当然要根据他们的立场而定。

毫无疑问，广告给公众灌入了深刻的印象。人们读到报纸头版时，有消息说克莱斯勒即将倒闭；然后他们翻到报纸的里页，又看到了不同的说法。

与此同时，公司的华盛顿分公司在另一条战线上组成了一个庞大的代销商宣传队。每天都有成群的克莱斯勒牌汽车和道奇牌汽车经销人来到华盛顿。负责公司公共事务部的副总经理温德尔·拉森向这些经销人吹风，告诉他们应该找哪位议员谈、谈些什么，等等。

汽车经销商往往给人以富有的感觉，他们在社会上一般很活跃，同代表他们的议员之间关系较密切。很多汽车商都是保守的、共和党的人，他们的出现对从意识形态上反对克莱斯勒的国会议员产生很大影响。很多汽车商在竞选活动中有过贡献，这点议员们是无法否认的。

一帮汽车商被派遣进驻华盛顿，他们取得的效果是惊人的。甚至其他公司有些经销商也帮助他们到华盛顿进行游说。他们认为，汽车业之间互相竞争是有必要的，应该给克莱斯勒以竞争的机会。

为了使申请获得批准，艾柯卡他们不得不对议员施加影响，让他们从人道主义而不是意识形态的角度来考虑问题。他们给每一位众议员送去一份在他的选区中同克莱斯勒公司有来往的供应商和推销商的名单。

艾柯卡明确指出，如果克莱斯勒公司倒闭，将会对这位议员的选区产生何种结果。因为全国535个选区中，只有两个选区里没有克莱斯勒公司的供应商或推销商。这份表格，可以说是对症下药，它产生了空前的效果。

再就是杜格·弗雷泽，他为艾柯卡做了许多工作。他在国会所作的证词很漂亮。他在国会侃侃而谈，阐述了如果克莱斯勒公司的申请不被批准的话，人们的生活将会面对多大的痛苦。他指出："我到这里来不是为克莱斯勒公司辩护，我担心的是克莱斯勒公司一旦倒闭将给工人和他们的社会带来可怕影响。"

弗雷泽是一位不知疲倦的演说家。他单独会见许多众议员和参议员。他还是副总统蒙代尔的好朋友，他对白宫进行了两三次重要的访问。

艾柯卡也曾亲自去白宫找过总统。卡特本人并未卷入这场关于克莱斯勒的争论，但他基本上是支持他们的。在艾柯卡访问期间，总统告诉艾柯卡，他和他的妻子罗莎琳都很欣赏艾柯卡在电视上作的广告。卡特总统开玩笑说，艾柯卡已经变得和他一样出名了。

卡特授权财政部去处理克莱斯勒一案，但他本人公开表示支持克莱斯勒。没有最高行政机构的支持，这项法案是绝对不会通过的。

后来，在卡特离任以后，还来看过艾柯卡两次。他为克莱斯勒公司的兴旺感到骄傲。艾柯卡觉得卡特认为自己是养育了"这个孩子"的父亲。

卡特告诉艾柯卡："我在执政期间所做的一切，回顾起来这一件显然是做得对的。"

当投票表决即将来临时，克莱斯勒在国会里已经有了相当多的支持者。但议长蒂普·奥尼尔的支持仍是关键性的。投票前夕，他不是以议长而是以马萨诸塞州议员的身份为艾柯卡他们说了话。

奥尼尔议员充满感情地支持克莱斯勒的贷款保证，他回顾了波士顿在经济大萧条时期工人们失了业，在家没事干，连争取一份去铲雪的工作也要到处求人的惨状。

他说："我总为争取100个就业机会而拼命奋斗，今天晚上有100多万个家庭等着要知道国会的裁决，而我们现在坐在这里讨论这个申请案，不是显得有点荒唐吗？"

奥尼尔以朴素的感情打动了众议员们。在整个过程中，他一直是位主要的领导人。有了议长的支持，当然就会赢得许多议员了。表决结果，众议院以271票对136票，也就是赞同票是反对票的二倍，通过对克莱斯勒的援助案。

参议院的票数比较接近，50票对44票，但是一般在这种形势下都是这样。法案刚好在圣诞节前通过，许多家庭欢天喜地，隆重庆祝。

而艾柯卡已疲惫不堪。尽管松了一口气，但并不乐观。他自从到了克莱斯勒公司，经常看见黑暗的洞口射来一线亮光，但他还没来得及高兴的时候，迎面而来的却是一辆火车头，仍然挡住了他的去路。在他们得到政府保证贷款之前，还有许多难关要过呢！

根据贷款保证法规定，克莱斯勒公司必须重新改组。用财政部长威廉·米勒的话来说，这将是美国商业历史上最错综复杂的一笔财政交易。

法案规定设立一个“贷款保证委员会”。在今后两年内，这个委员会有权拨给15亿美元的贷款保证。但这些贷款必须于1990年年底以前还请。其中还有不少附加条件，例如，克莱斯勒本身必须以变卖资产的办法另筹3亿美元资金；克莱斯勒公司必须发行价值5000万美元的新股票，等等。

另外，也许很少有人注意到，政府拿走了克莱斯勒公司所有的资产作为抵押。他们拥有的汽车、不动产、工厂、机器及其他家当，账面上显示的价值为60亿美元，而政府只估价为25亿美元。如果遇到最坏的情况，政府有扣押权。假使他们失败了，在别的债权人提出要求以前，政府有权收回所有12亿美元的贷款。

哪怕政府所估计的25亿美元现值偏高，哪怕克莱斯勒的实际资产只值25亿美元的一半，政府仍然受到保护。即使克莱斯勒无法付清贷款，“贷款保证委员会”仍能清算公司全部资产而安然无恙告退。说穿了，政府根本不必担当任何财务上的风险。

这一贷款保证法案通过后几个星期，共和党执政了。他们的态度是："这是卡特时期的事，我们将着重法律条文，但是仅此而已。这是违背我们的思想的。如果克莱斯勒成功了，我们会感到尴尬。我们也不希望任何别的公司存有同样的幻想。"

艾柯卡觉得还算幸运，在克莱斯勒公司急需帮助时，遇上了重视人而不是重视意识形态的民主党人在执政。

艾柯卡承认自己只是个普通人。当遇到顺境、赚到大钱时，他站在共和党一边。但自从来到克莱斯勒公司以后，他又倒向民主党了。

他说："毕竟，我需要讲感情的政党，而当我需要帮助时，民主党人往往伸出援助之手。"

身先士卒的统帅

随着贷款保证法案的通过，克莱斯勒公司有了以拼搏求生存的机会。这真是背水一战！他们所进行的是一场经济战。尽管不会真的死人，但几十万名职工的经济生命却取决于他们能否对贷款保证法案要求他们做出的各种让步采取相应的措施。

艾柯卡是这场拯救克莱斯勒公司战役的统帅，他最引以为自豪的，是能把大家的力量联合起来。这向人们表明，困难时期互相间的合作会给人带来多么大的力量。

艾柯卡带头把自己的年薪降低到 1 美元，他要以行动来表明态度，作为这一战役的开始。当他去找工会主席杜格·弗雷泽时，正视着他说："我要你们也作些牺牲。"

他要使公司的雇员和公司的材料供应商们心里默默地说："以身作则的人我可以跟他干。"

虽然艾柯卡减少薪水并没有达到需要节衣缩食的程度，但还是在底特律引起了很大的反响。这表明大家都要同甘共苦，表明只有人人勒紧裤腰带，公司才能得救。这是一个感人的举动，这件事很快就传开了。

艾柯卡在克莱斯勒 3 年对人的了解比他在福特 32 年深刻得多。艰难时期，最能体现人的本质。他发现，如果人人同甘共苦，人们对痛苦的承受力会更大。

艾柯卡把这叫作"牺牲均等"。他做出牺牲了，其他人也纷纷仿效，这就是克莱斯勒公司能渡过难关的原因。不光是贷款救了他们，也是所有人的共同努力使公司起死回生。就像全家人召集在一起开了一个家庭会议，大家说："我们向富有的叔叔借了一笔钱，现在我们要用实际行动来证明我们是还得起这笔债的。"

凝聚力发挥了神奇般的力量，它使克莱斯勒渡过难关。但是，为节省开支，他们不得不解雇一大批人。

艾柯卡说："这真是像一场战争：我们打胜了，但我们的儿子没有从战场上回来。我们付出了伤痛的代价。许多人受到沉重打击，子女中途退学，酗酒、离婚，满目凄凉。为了拯救公司，为了多数人得以生存，不得不忍痛牺牲少数人。"

由于大多数美国人的支持，艾柯卡他们完成任务显得稍为轻松一点。他们不再被认为是领救济金的寄生虫了。随着国会听证会的结束，这方面的闲言碎语也过去了。这时候他们的广告攻势也奏效了。他们虽是失败者，却像英雄般地投入战斗，社会舆论开始支持他们了。

许多普通人给艾柯卡写信，纷纷表示对他们的支持。他们说，亨利·福特的损失将是克莱斯勒的收获。他们还提了许多对企业发展有好处的建议。

许多知名人士也帮助过他们。喜剧大师鲍勃·霍普来看艾柯卡。他说，他愿意助克莱斯勒一臂之力。

一天晚上，艾柯卡在拉斯维加斯找到了正在吃晚饭的比尔·科斯比。当天深夜 1 时他打电话到艾柯卡住的旅馆。

艾柯卡说："嘿，伙计，你可把我吵醒了。"

科斯比说："告诉你，我们正要出发。我们睡不着。不管怎么说，我很钦佩你们正在进行的战斗，我也敬佩你给予黑人兄弟的帮助。我愿为你们做点事情。我不能看着自己赚了大笔钱，而别人还在挨饿。"

他到底特律为 20000 多名工人举行了一场演出。然后他坐飞机走了，没有要一分钱，也从未向艾柯卡要求派一辆车，他用实际行动给他们支持。

有一天夜里，珀尔·贝利到底特律市中心的一个糖尿病研究所找到艾柯卡，说有要事谈。她感谢艾柯卡为挽救公司所作的努力，感谢他给了工人以希望。她不是举行音乐会，而是对杰斐逊大街的一座工厂的工人讲课，阐述了爱国主义和做出牺牲的必要性，讲话令人振奋。

弗兰克·西纳特拉也愿帮助艾柯卡。他说："李，如果你只挣一元钱，我也向你学。"他替艾柯卡他们拍了一些广告片。

那段时间那些事让艾柯卡看到了人性的积极面，看到了人内心中的正能量。过去，他不了解人在紧要关头会如何做事。现在，他发现大多数人都会团结在一起。虽然舆论可能认为贪心是企业唯一的动力，但他们并不贪心。只要一声号令，他们就会挺身而出，只要没有使他们受到不公正的待遇。这是储存在人身体内的潜在的力量。

艾柯卡还看到，人们在危难中都很沉着。他们接受命运。他们知道前面的路程艰难，但还是咬紧牙关，知难而上。他看到这种情况非常欣慰，也许那个时期唯一令他欣慰的就在于此。他感谢这些人们，让他内心充满力量。

艾柯卡减薪以后，也开始对其他经理人员减薪。他们取消了股份红利，公司和股东们各减一半；减少经理人员10%的工资，这在汽车行业里是没有先例的。他们对每个层次的人员都减薪，但最底层的秘书例外，艾柯卡认为这些人的每分钱都是应得的。

经理们都采取了合作的态度。他们经常读报，因此他们很清楚，公司随时都可能倒闭。在这种时候谁也不能置之度外。你只能看到一点：求生之路，没有什么力量能够阻止你向前冲刺。

这一切都从艾柯卡开始，带动了整个队伍。为了他们的事业，艾柯卡可以要他们赴汤蹈火，他们也会在所不辞，因为大家都在同甘共苦。

工会给了艾柯卡莫大的支持，工会做出让步在那时是很难想象的事。工会一直认为公司管理人员都是些寄生虫，而工人们被榨干了血汗。

艾柯卡对工会说："现在你们看到了几条皮包骨头的寄生虫，怎么样？你们准备怎么办？"

从那天开始，艾柯卡成了他们的朋友。他们很亲热地拥抱他，拥抱他这个皮包骨头的寄生虫。他们对工人们说："这家伙说话算数，正带领我们向好的地方奔。"

艾柯卡跟他们坦诚相见，向他们严肃地指出："伙计们，我已把枪瞄准了你们的脑袋。17 美元一小时的工人我有几千名，20 美元一小时的工人一个也没有，所以你们还是头脑清醒一些好。"

一年以后情况更恶化了，他不得不再次和工会谈判。在一个严冬的夜晚，大约 22 时，他对工会谈判委员会讲话。这是艾柯卡最简短的一次讲话。

他说："明天早晨以前你们必须作出决定。如果你们采取不合作的态度，我就砸了你们的脑袋。我会明天早晨就宣布破产，让你们大家都失业。我给你们 8 个小时去拿主意，你们看着办吧！"

这是迫不得已的办法，但有时候非得这样做不可。工会的弗雷泽说，这是他同意过的经济解决办法中最不满意的一次。他说，如果不同意，更糟糕的是会失业。

工人们作了很大的让步。他们的工资马上变成了每小时 1.15 美元。一年半以后，他们的工资才涨到每小时 2 美元。在总共 19 个月里，克莱斯勒公司的工人平均每人减少了 10000 美元的工资。

工会对艾柯卡一美元年薪逐渐习以为常。当他第二年取消了这个做法时，他们还因此取笑艾柯卡。

克莱斯勒公司工人的态度多少年来第一次开始改变了。当加拿大工会 1982 年举行罢工时，他们没有像过去那样毁坏汽车和机器。他们希望增加工资，但不做任何损害公司利益的事。

根据贷款条款的规定，工人享有股票所有权，公司每年要花费4000万美元，长达4年时间。但是它有重要的经济意义。如果工人们允许分享公司的利润，他们工作劲头就更大。

自由企业界人士又竭力反对这件事。艾柯卡也又一次做了对付他们的准备。艾柯卡指出，美国的一些庞大的养老金计划拥有大量股票，在通用汽车公司和其他许多公开贸易的大公司里都占有很大一部分的股份。因此，允许就业工人有些股份有什么错?!

自由企业界人士认为，这种做法是导致社会主义的第一步。而艾柯卡却不认为工人拥有一些股份有什么不对，这当然不会影响公司的经营管理。艾柯卡认为，与其让华尔街上的掮客持有公司的股份，还不如交给在装配线上干活的工人。

艾柯卡还在处罚缺勤者方面得到了工会的支持。有些人从来不上工但要照拿工资。在工会的协助下他们强制执行了一些处罚长期缺勤者的规定。

这个时期他们被迫停办了一些工厂，许多工人只得离开。这对在那些工厂干了二三十年的工人来说，是件十分痛苦的事。甚至有人的父母也在这些厂里干过活。然而现在他们突然发现工厂要关门了。

人们强烈反对有些工厂关门。但是工会十分理解他们采取这样的措施是出于无奈。他们能接受这些做法是因为他们知道，艾柯卡这样做了可以要求材料供应者、公司的管理人员和银行做出同等让步。

1980年，艾柯卡到克莱斯勒公司所属的每一个工厂去直接向工人讲话。在群众大会上，他感谢工人在困难时期对公司的支持。艾柯卡对他们说，情况好转以后，将设法使他们享受到与福特公司和通用汽车公司的工人同样的待遇。艾柯卡给他们鼓劲，他们叫着喊着，有欢呼声，也有讥笑声。

艾柯卡也召开工厂基层管理人员的会议。艾柯卡和他们一起坐在地板上促膝谈心，他们每个人都能听到，这让他们把自己视为这个团体的一分子。

在福特公司时艾柯卡经常和群众进行这样的谈话，那时候他也有精力这样做，因为总经理的工作进展得很顺利。但是在克莱斯勒公司情况就不一样了，难题和危机一个接着一个，使他筋疲力尽。

艾柯卡得到了工人们的支持，有许多工人热情地拥抱他，有的送给他礼物，有的则要告诉他在为他祈祷。

这期间一位在底特律林奇路工厂当保养员的女工莉莲·泽沃斯在工厂办的报纸上发表了一篇文章。她呼吁同伴们振作起来。她说："现在，也许你有充分的时间来思考一些问题了，因为你已被解雇，再也不需要像过去那样吊儿郎当应付工作，或者对次品熟视无睹了。"

艾柯卡给泽沃斯写了一封信，告诉她很喜欢她的文章，并且邀她到他的办公室来。她来时带着一块她亲手制作的蛋糕。这块蛋糕里有啤酒，外面包着一层巧克力糖衣。艾柯卡觉得这是有生以来吃到过的最好吃的蛋糕。

当然，并不是所有的工人都像泽沃斯那样。每小时工资减到 2 美元很难使人高兴得起来。新闻界一直认为克莱斯勒公司工人的工资比通用公司和福特公司每小时少 2 美元，但这样的说法并不确切。

因为克莱斯勒公司与福特公司和通用公司不同，退休工人特别多。公司现在必须为所有退休在家的职工付退休金、医疗费用、人寿保险费等，而挣出钱来支付这笔开支的是公司的在职工人。

在正常情况下，这是不成问题的。每个退休的人至少有两个正在工作的员工来支持，他们的生产力足够支付退休者的退休金和其他费用。但是到 1980 年，克莱斯勒出现了史无前例的 93 名在业工人养 100 名退休工人的现象。

也就是说，现在待在家里的人比在公司上班的人还要多！

这是由克莱斯勒公司反映出来的一个社会问题。人们现在提早退休，而寿命在普遍延长，但是没有足够多的劳动生产力来支持他们。

虽然克莱斯勒公司的工人每小时减少到了2美元的工资，但是因为有大量的退休工人，他们的劳工费用并没有降低多少。有些工人却并不是这样看问题。

他们不认为应该负担退休工人的费用。他们的态度往往是："这个问题么，与我没有关系。我自己并不是我兄弟的监护人。"

艾柯卡对他们说："你们工会是建立在永远团结的基础上的。你们提出了这些养老金计划，而现在有大批的人退休在家，这太糟糕了。汽车工业前景不妙，克莱斯勒公司太大，所以我们进行了精简，缩小规模。但是必须有人负责退休工人的费用。我们不能不执行养老金计划。"

在工会做出让步以前，艾柯卡就邀请工会的弗雷泽参加了董事会。任命弗雷泽并不是公司和工会之间一揽子交易的内容，虽然报纸是这样报道的。

艾柯卡让弗雷泽参加董事会是因为知道他能作出特殊的贡献。他很精明，政治上有见识，并且想到什么就说什么。

作为董事会成员，弗雷泽从经营管理的角度直接了解到了克莱斯勒公司的情况。在他了解到许多情况和认识到许多新问题以后，他对工人们讲了实情：公司很脆弱，经不起罢工的打击。

弗雷泽发挥了巨大作用。当公司要关闭某个工厂时，他指导如何最大限度地减少混乱和损失。

当初艾柯卡让杜格进董事会时，引起企业界的一片哗然。他们说："你不能这样做！你这是把狐狸带进鸡窝。你疯了！"

艾柯卡对他们说："为什么在你们欠银行1亿美元的时候可以让银行家参加董事会，而工人就不行呢？为什么可以让供应商参加董事会呢？这两者的利益不是矛盾的吗？"

在此之前，美国的任何一个大公司的董事会都还没有劳工代表参加。但是劳工代表加入董事会在欧洲却很普遍。而美国公司的执行总裁仍然认为劳资双方总是势不两立。

艾柯卡觉得这种思想已经过时了，他希望工人能了解公司内部的运转情况。他指出，美国未来的经济取决于政府、工会和经理部门之间的合作，只有这三者协调起来才能占领世界市场。

反对弗雷泽参加董事会的不只是公司的经理人员，也有许多工会会员。他们担心弗雷泽加入董事会后会倾向与资方妥协而不为工人争取最大的利益，做资方的傀儡。

他们根深蒂固地认为除非付诸暴力或流血，资方绝对不会做任何有利于劳工的事，所以他们得尽力争取自己的权益。

艾柯卡让工会自己的人加入董事会，就是要改变他们的这种陈旧的观念，让他们知道只有公司赚了钱才能分享利润，只有生产力提高才能提高工资。

艾柯卡对弗雷泽参加董事会很高兴，因为他的水平是第一流的。不管什么时候，只要艾柯卡在董事会，都希望弗雷泽参加。

弗雷泽很适合在董事会工作，懂得如何进行谈判、如何妥协。他能够区分是好交易还是坏交易。艾柯卡甚至曾经把他推荐给里根总统当政府的谈判代表。

艾柯卡认为，如果弗雷泽早先就参加了董事会，也许克莱斯勒公司就不会买进那些欧洲最差劲的公司了。当时只要有一个人敢说："我们为什么要这样做？这样做有什么好处？"这样，那些可怕的做法也许就被制止了。

每当有人指责艾柯卡把弗雷泽拉进董事会时，他的标准答案总是："你为什么这样不自在？不管怎样，这对你会有好处。如果结果证明我错了，你就知道这种事不能再做，你也可以在乡村俱乐部谈论这件事，就说：'艾柯卡真是个饭桶！'但要是结果证明我对了，那我就成了开路先锋，你会感谢我指引了方向。说不一定有一天你会因此而发达起来的！"

经受炼狱的考验

凡是与克莱斯勒公司有关系的团体没有一个情愿轻易做出让步。不过当他们认识到情况的严重性、相信其他团体也要作同样的牺牲时，他们都很快地表示愿意合作来解决难题。

只有银行家例外。让贷款给他们的400家银行同意延期收回6.55亿美元，比让整个美国国会通过15亿美元的贷款保证所花费的时间还要长。国会听证会已够可怕的了，但是比起同银行打交道来，艾柯卡觉得国会听证会又好像是在融融的春日里换个漏气的车轮胎那么轻而易举了。

对于银行的态度，艾柯卡非常失望，但却不足为怪。在参、众两院听证期间，银行一直持否定态度。美国花旗银行的行长沃尔特·里斯顿、美国商业银行董事长汤姆·克劳森等，都在会上作证反对贷款保证法案。有人把克莱斯勒公司的现状比作越南，暗示人们说，这可能是个无底洞，一旦陷入，将不可脱身。

艾柯卡和花旗银行的代表彼得·菲茨和欧文银行的代表罗恩·德雷克有过几轮非常艰苦的会谈。菲茨和德雷克都是整顿财务的专家，他们的基本态度是：克莱斯勒公司的人都是废物，不知道自己在干些什么。而他们自己对克莱斯勒公司的就业和投资问题毫不关心，他们只知道还钱。

银行界所有的人都希望克莱斯勒宣告破产。但是艾柯卡拼命反对。他尽力说服他们，只要有难同当，同舟共济，加上公司的新领导来管理，克莱斯勒会成功的。

艾柯卡同罗恩·德雷克有过几次唇枪舌剑，彼此斗得很苦。但是后来他居然成了艾柯卡在美林证券公司的私人财政顾问。1980 年他们相互仇视，但不打不相识，他们在斗争之中达到了相互了解，并彼此谅解。他们共同渡过了难关，后来成了好朋友。

1979 年底贷款保证法案通过的时候，克莱斯勒公司和关系企业克莱斯勒金融公司一共欠 400 多家银行和保险公司 47.5 亿美元。这些贷款是几年累积下来的。那些年，银行家们大概都在睡觉，似乎没有人怀疑公司是否健康，尽管人人都可以看出许多不祥的征兆。

对于银行家来说，克莱斯勒公司一直是个富矿脉，没有人愿意对它横挑鼻子竖挑眼。50 多年来，克莱斯勒公司经常向银行借钱，但从来都是及时还清本息的。

克莱斯勒公司一直是个很有影响的公司，慷慨地付红利，大笔大笔地向银行贷款。这对银行来说总是好事，但对公司却不尽然。一旦影响大了，实际情况也会被夸大，在顺利的时候会使你更顺利，但在倒霉时会让你更难堪。

克莱斯勒贷款的利率从来没有得到过像通用汽车公司和福特公司那样的优惠。借了一笔钱之后，他们常常必须额外付给银行一笔钱。

在公司兴旺的那些年月里，银行家对他们有求必应。但如今克莱斯勒有了难处，他们都立刻变了卦。作为十分保守的共和党人，大多数银行家对贷款保证法案持怀疑态度。由于大多数银行贷款是借给克莱斯勒金融公司，而不是克莱斯勒公司本身，所以银行家们认为，即使克莱斯勒公司宣布破产，他们的债权仍可获得保障。

但是，当发现自己也无法逃脱灾难时，银行家们大吃一惊。后来银行才认识到，对他们最为有利的是做出让步，使公司得以生存才能保住自己的利益。

即使如此，银行的让步还远不如材料供应商和公司的工人那样痛快。原因之一是他们的生存并不取决于公司复兴与否；另一个原因是牵涉到的银行太多，现在牵涉到了 50 个州的大多数银行，甚至遍及世界，牵涉了伦敦、多伦多、渥太华、法兰克福、巴黎、东京甚至德黑兰的银行。

每家银行情况不尽相同。汉诺威银行，银行系统都叫它曼尼·汉尼银行，同克莱斯勒公司已有多年交往。林恩·汤森曾在这家银行董事会任职9年，该银行的两位董事长也曾在克莱斯勒公司董事会任职。他们曾不只一次地帮助克莱斯勒渡过难关。其现任董事长约翰·麦吉利卡迪曾同克莱斯勒公司签订了一项4.55亿美元的周转性贷款协议。

为了使公司获得贷款保证，他还在国会作证。“我认为克莱斯勒公司应当生存下去。”他对国会委员会说，“我不一概地反对政府援助，我也没有看到这种少量的援助将会给自由企业体系带来威胁。”

另一位给予克莱斯勒帮助的是财政部长威廉·米勒。他在国会委员会作证时指出，克莱斯勒公司的情况是一种例外，提供贷款保证是个好办法。米勒对一些银行态度强硬，他认为，银行应当承担一些损失，自己治疗自己的伤口。

但是作为美国一位最有影响的银行家，花旗银行的沃尔特·里斯顿是坚决反对贷款保证的。

曼尼·汉尼银行和花旗银行之间的矛盾只不过是冰山的顶端而已。贷款给克莱斯勒的有大银行、乡镇小银行、美国银行、外国银行，还有几家保险公司。有给克莱斯勒公司本身的贷款，也有给加拿大的克莱斯勒分公司和克莱斯勒金融公司的贷款，还有给各个外国子公司的贷款以及信用状。

更糟糕的是，他们的贷款利率各不相同，有低利率，还有高利率和浮动利率；时间上有的需要几个月内就得偿还。

对于到底什么才是合理的解决办法，在各个银行之间存在许多严重的意见分歧。一般来说，银行家们都无意妥协。最大的矛盾不是他们和克莱斯勒，而是他们各个银行之间。大家都认为别人应该首当其冲做出让步。

与此同时，外国银行也在抱怨。一些日本银行说：“在日本，一旦有了问题由本国的银行来承担，首先要偿付外国银行的贷款。这是美国的问题，应让美国银行来处理。”

一些加拿大银行说：“我们不允许美国人对我们指手画脚。我们已被摆布够了。”加拿大政府也支持这种立场，要求保证有一批固定数目的加拿大工人在克莱斯勒公司工作。

艾柯卡作了让步。虽然没有给加拿大人一个绝对肯定的数字，但保证在克莱斯勒公司工作的加拿大工人人数达到北美地区工人的11%。加拿大工人有段时间曾达到克莱斯勒公司北美工人总数的18%。

欧洲的一些银行说：“我们不准备和你们合作。还记得德律风根公司的事吗?”几年前，西德政府曾制订了一项拯救面临危机的德律风根公司的计划，但一些美国银行都撤了出来，只剩下几家德国银行支撑这项计划。因此德国人的态度和日本人一样：“这是美国的问题，你们美国自己的银行应该首当其冲。”

当美国银行看到自己的恶劣态度带来何种后果时，他们突然看到了自己的责任。他们的立场变得和艾柯卡一样起来：“不，大家应当同舟共济。一旦破了产，法院对我们大家可是一视同仁的。”他们开始认识到，解决克莱斯勒公司问题的唯一途径是要求各家有关银行做出公平合理的让步，这样才能保住各自的最大利益。

但是还有问题。一些小银行说：“纽约的一些银行要负责任。我们给克莱斯勒公司的贷款在我们的全部资金中所占的百分比要比那些纽约的大银行高得多，所以做出多大让步要看银行的大小。”

为了鼓励银行做出必要的让步，艾柯卡他们被迫宣布一项优惠条件：克莱斯勒公司发给银行1200万股购买股票权利的证书，但必须在1990年前每股股票涨至13美元时方可兑现。

贷款保证委员会听到这个消息后也要求做出类似的安排，理由是他们也是借方，而且冒风险的钱数比银行实际上要高出50%，所以最后政府得到了1440万股股票的认购权。

当时，克莱斯勒公司一共让出了2640万股股票，大大地削弱了公司的实力。但他们顾不得考虑那么多，只想到需要银行的合作，更何况股票已经跌到每股3.5美元，每股13美元看来还是个遥远的梦。

克莱斯勒花了几个月的时间才制订出一项银行可以接受的计划。整个这件事由艾柯卡开了个头，参加了一些早期的会议，但大部分工作是杰里·格林沃尔德和史蒂夫·米勒做的。

同银行的谈判十分复杂，他们设立了一个由20人组成的特别工作组。这些人到处奔波，从纽约或华盛顿回来后，立即要去渥太华、巴黎、伦敦和其他许多城市。

起初，他们分别找一家家银行谈，后来发现这个办法行不通。后来改成把大家召集在一起谈，效果就好一些。时间紧迫，艾柯卡他们准备在4月1日，再召开一次会。有些银行代表威胁说他们将不到会，结果却都来了。

如果银行家们在这次会议上还达不成协议，那就完了。全国经济衰退形势已经很严重，克莱斯勒宣布破产，很可能意味着一个更为可怕的经济灾难即将来临。

当4月1日全体成员都到会后，米勒宣布会议开始。他的开场白实在让人震动："先生们，昨天晚上，克莱斯勒公司董事会举行了紧急会议。鉴于目前的经济衰退，公司的严重亏损，利率的节节上升，更不要说银行家的不支持态度，公司决定今晨9时30分宣布破产。"

整个会议室里鸦雀无声，空气异常沉闷。这时，格林沃尔德目瞪口呆。他是董事会成员之一，但今天才知道有这个会，怎么没有让他参加呢？接着米勒补充说："也许我应提醒诸位，今天是4月1日。"

人们大大松了口气。不幸得很，欧洲人从来没听说过愚人节，他们仍然眼睛盯着墙上，搞不清4月1日到底与这件事有何相干。

这是米勒在开会前5分钟想出来的一个鬼点子，有很大的冒险性，但结果证明很灵验。它使会场中的每一个人把焦点集中在一幅更大的图景中，想象不达成协议可能产生的后果。

米勒的让步计划为全体与会者所接受：6.6亿美元到期贷款延期收回；4年内以5.5%的低利率付40亿美元贷款的利息。

但是要使这个计划奏效，还得与所有借钱给他们的银行都合作才行。

到了6月间，差不多每一家银行都准备接受这个计划了。这样，艾柯卡终于有可能得到第一批5亿美元的贷款保证了。但是他们很快发现手头没有现金付账单了。

1980年6月10日，他们不得不停止对供应商的付款了。公司再一次滑到破产的边缘。

眼看着5亿美元的保证贷款快到手了，但供应商的耐心是有限度的，他们能等几天呢？尽管他们并没有迫使克莱斯勒立即破产，但他们可以随时决定停止供应材料，这等于是让克莱斯勒破产。因为本公司实行“准时送货法”，部件存货不多，只要一停止供应，就会变成灾难。幸好，在接近灾难的时候，供应商送货来了。

这时，90%以上的银行已经同意克莱斯勒公司的计划。他们代表95%的贷款。然而艾柯卡需要的是100%，否则，整个计划就要泡汤。时间在一天天过去，即使所有银行全都接受计划，还需要起草各种文件，要有正式签字。签好的文件要送上来汇总。

经过不懈努力，至6月底，所有银行的工作都做通了。现在的任务就是把所有签字同意的文件都收拢来，并着手准备最后的仪式。通常情况下，这需要把大批律师集中在一起，审阅各种材料，然后宣布手续完备。

这次克莱斯勒公司的事则更复杂。一开始，就有10000个单独的文件。为了最后的协议而花费的印刷费竟高达200万美元！如果把这些文件堆起来，足有7层楼高。而且，这些文件都分散在纽约不同的法律公司里，有的还在别的城市。大部分文件则放在曼哈顿公园街299号西瓦科大楼里。

6月23日，星期一晚上，艾柯卡召开了一个会议，要求把所有的文件准备好，以便第二天签署最后协议。他们聘请了一大批律师处理这些文件，因为只要有一份丢了，整个交易就做不成。

晚上19时30分左右，米勒在西瓦科大楼第33层的自助餐厅里看到后窗冒进了浓烟。他以为是来自厨房的炊烟，但很快获悉大楼的20层起火了。

火越来越大，只听得砸到大街上的玻璃乒乓作响。万幸的是，大火只在20层以下蔓延，而他们的文件全部放在30层以上。火终于被控制住了。

凌晨2时，格林沃尔德、米勒和律师们在花旗银行中心集合。大家决定赶快把文件从大楼里抢出来，否则很危险。2时30分，他们和纠察线的警察们商量着要冲进去。

进去是很危险的，许多消防队员都受伤了。但最后警察还是同意他们进去了。因为他们坚持说，文件是否能拿出来，将关系到克莱斯勒公司的生死存亡。

这样，20个人挤进了电梯。他们到楼上把文件一一装进邮包。一个钟头后，这些文件开始转移到街上，然后集中到一家代表银行的法律公司。

9时至12时，所有文件被重新检查了一遍。艾柯卡他们奇迹般地发现，一件也不少。克莱斯勒公司可以重新开张了。

熬过艰难的岁月

在克莱斯勒公司最暗淡的日子里，唯有制造K型车的计划，像是无尽长夜中的一丝亮光，给人们以希望。K型车是那种可以引起轰动的产品，在艾柯卡来克莱斯勒之前就已经开始搞了。

多年来，美国消费市场希望能有一种本国制造的、省油的、前轮驱动的小汽车。在国会听证、银行谈判的漫长过程中，艾柯卡以K型车为寄托，熬过他们的艰难时光。

自从斯普里奇1977年加入克莱斯勒以来，K型车一直是他研究的重点。从许多方面来说，K型车早就是艾柯卡和斯普里奇想搞的项目，只是他们在福特公司时亨利太顽固，不让他们搞。否则，这种车早就面世了。

K型车是前轮驱动的4气缸的小型车，乘客坐在里面可以感到非常舒适。如果在市内驾驶，每加仑油可开40千米；要是到了高速公路，每加仑油可跑66千米。光看这些数字，就够有吸引力了。

但更重要的是，它比通用公司的X型小车还要好。底特律在过去曾经发展过小车，但K型车首创可坐6个人仍很舒服的纪录，且很省油。这种车设计得结构坚固，外观美丽，看起来很实在，不像市场上已有的小车那样单薄。K型车有“野马牌”汽车那样的优点，即体积小，线条美，但发动机比“野马牌”汽车要小。

他们在广告里宣称，K型车是美国人的一种选择。为了引人注目，许多广告都用上红、蓝、白三色。他们还强调，K型车宽敞舒适，足以装进6个美国人，这是针对日本车的提法。他们甚至在每部车装有6个人的安全带，虽然这样做稍稍增加了成本。

后来，K型车几乎已经成为克莱斯勒所取得的一切成就的基础。因为公司的其他车型差不多都是按K型车的蓝本演变出来的。

结果，K型车救了他们。但K型车上市的第一年刚好是公司遇到许多棘手问题的时候，直至1981年初，销售情况才有相当不错的表现。这年年底，K型车在小汽车市场占有率已超过20%。从此，销路不断扩大，他们卖出了100万辆车，收到的现金刚好用来发展其他型号的车。

由于K型车起步慢，克莱斯勒1981年的形势很困难。尽管艾柯卡他们一年来努力奋战，不使克莱斯勒的坏消息上报纸头版，但是很快他们又不得不去华盛顿申请另外的4亿美元保证贷款了。当他们真的要借这笔钱时，贷款保证委员会又对他们设置了重重障碍。比方说，他们不能一次性取得贷款，只能分期提取。1980年头两次的贷款，间隔倒是不长。

但那年晚些时候的第三次贷款，从公共关系的角度来看，简直是一场大灾难。大多数人不理解到底是怎么一回事，他们看了电视报道后心里想："怎么又来了？那些家伙已经得了15亿美元，为什么他们又来要钱了？"

艾柯卡根本不应该同意分3期接受贷款。每接受一次，就要受一次头条新闻的挖苦，那实在太可怕了。

当然，他不相信贷款保证委员会会一次性解决他们的贷款问题，但3次也实在太分散了，或许应该两次就解决，每次6亿美元，这样也就会好一些。

每一次他们去要钱时，公司的销售额马上下降。人们认为克莱斯勒是个无底洞，指不定哪天会倒闭。有了这个印象，许多原先考虑买他们公司产品的人，又转而去买别人的汽车了。

据艾柯卡估计，他们所得到的总共12亿美元的保证贷款，有1/3被用于公共关系方面的坏影响而降低了汽车销售量造成的损失所抵消了。

为了得到最后一笔4亿美元的贷款，克莱斯勒又要安排另一轮的让步，他们不得不把债务变成优先股。银行家们根本看不起克莱斯勒的股票。不过他们中的一些乐观者知道，一旦克莱斯勒绝处逢生他们会大有好处的。

尽管有K型车，亏损仍然大得吓人，一年共亏损4.785亿美元。更为糟糕的是，贷款保证委员会又对克莱斯勒加上种种规定，致使士气十分低落。其中规定之一是，每个月得向他们付100万美元的行政费用。这让艾柯卡气愤不已，因为单是一月份付的100万美元就够委员会全年开销了。

根据条文规定，政府每年要向公司提取贷款总额5‰的年费来执行这项贷款。

但在当时的情况下，克莱斯勒已经没有谈判的资格，根本没有机会说“这个数字太高了，我们不太乐意。”凭空又多出600万美元，这笔钱原可以用来为公司的长远计划派点用场。

贷款保证委员会甚至命令他们卖掉公司的一架喷气式飞机。对于华盛顿那帮心胸狭窄的官僚们来说，克莱斯勒的喷气式飞机意味着大公司的挥金如土。

然而克莱斯勒公司所属的一些工厂那里并没有民航飞机可抵达。如果聘请的高级管理人员年薪20万美元，艾柯卡不愿意让他把时间浪费在候机室里，他们的时间很宝贵。

艾柯卡原来以为，克莱斯勒公司至1981年年底就可以稳住阵脚。但是他没有估计到居高不下的银行利率和萎靡不振的经济衰退接踵而至。至11月1日，克莱斯勒又碰上一次危机，整个公司只剩下100万美元了。

克莱斯勒一天的开支大约是50万美元。全公司剩下100万，就跟你活期存款的存折上只剩1.5美元一样。在汽车业，100万美元等于是一个人放在抽屉里的零用钱。

到了这种地步，每一个大供应商都可以置公司于死地。要知道，克莱斯勒公司每个月得付给供应商8亿美元的金额。唯一的解决办法是恳求所有的供应商宽限几天。但是这话说起来容易做起来难。

如果他们去找供应商商量说："这一期的钱可能要拖几天再付。"马上会产生连锁反应。他们是靠彼此的信任把彼此紧密地结合在一起的。这种关系一旦破坏，供应商一定会采取行动保护自己的利益。他们就会产生恐惧心理，而恐惧往往会导致灾祸。

付工资也是让艾柯卡头痛的事。但是他们从不拖欠，每周都按时发放。虽然有时给供应商迟付几天款，但都事先得到他们的同意，而且事后一分钱也不少付。

有时候艾柯卡祷告："上帝呀！我们需要多卖出1000辆车换回现金，否则就赶不上应该付清的2800万美元的欠款了，或是赶不上该付的5000万美元的工资了。"

日复一日，每天都面临财务危机，而且金额是那么大。

艾柯卡他们得像魔术师一样懂得变戏法，知道哪笔账可以晚几天付，哪笔钱是一点不能含糊的，而且每接到一个电话都心惊肉跳，总怕是催款的。

那时，他们多么希望银行的支持，但他们真是对那些银行无话可说。如果银行看到你在他那里有很多存款时，情况会截然不同，会很慷慨地给你自动延长付款期限60天，即使你不开口也可以给你办理延期。

只要你很富，只要你在银行里有存款，你就有信用。假如你手头没有现金，根本就甭想在银行里借到钱。

早在30年前，艾柯卡父亲就曾经把这种生活中的现实告诉他。至1981年7月，在事实面前，艾柯卡证实了父亲的看法。

实现了扭亏为盈

1982年，各种障碍最终得以清除，喜事总算开始出现了。

3年前，要想维持收支平衡，他们得卖出230万辆汽车和卡车，但是实际上他们充其量只卖出100万辆。用最简单的算术，你就可以看出他们的收支多么不平衡。

然而今天，在各种人的团结合作、共同努力下，他们把收支平衡大大下降，只要卖出110万辆车就够了。公司很快又增加了新鲜血液，和许多新的汽车商签订了合约。也就是说，克莱斯勒公司已经有了显著的进步，尽管整个美国社会的经济状况不佳。

不过到1982年年底全国经济情况变得好转时，汽车业显然也有了转机。年底结算时，克莱斯勒公司已经有了盈余。艾柯卡总算熬到了这一天！接着在1983年，克莱斯勒公司有了9.25亿美元的利润。这是靠正正当当的经营得来的，是克莱斯勒公司有史以来最好的成绩。

自国会听证会以来，克莱斯勒有了翻天覆地的变化。那时他们曾经许下不少承诺。他们曾经保证使工厂现代化，运用最新的科学技术成果；保证把所生产的汽车都改为前轮驱动，在节油方面达到领先水平；保证雇用50万名职工，并生产高质量的产品，等等。

他们许下的每一个诺言，在3年中都实现了。到了1983年春天，克莱斯勒又发行新股票了。原计划发放1250万股，结果由于供不应求，后来又增加了一倍以上。一共2600万股的股票，在一个小时内被排着长队的人们一抢而光。这些股票的市场价格高达4.32亿美元，创造了美国普通股票上市总金额第三位的纪录。

每当你大量发行普通股票的时候，原先股票的价值就要削弱，任何时候都是这样。但是这次却发生一起十分有意思的事。股票上市时，每股16.6美元。几个星期内，由于人们对克莱斯勒公司股票的需求大大增加，股价节节上升，涨到每股25美元，又进一步涨至35美元!

股票卖出去以后，克莱斯勒很快还了4亿美元的贷款，包括1/3的保证贷款。这代表了3次中最昂贵的一次还款，利率在当时高达15.9%。

几个星期之后，克莱斯勒公司内部作出了一个重大决定，提前7年还清所有债务。当然，并不是公司里每个人都认为这样做是明智的，因为一下子要拿出那么多现款，他们不得不考虑对公司今后几年里的情况是不是有把握。

此时此刻，艾柯卡对克莱斯勒公司的前途充满了乐观情绪。同时他也希望尽早远离政府的干涉。如果不迅速还清贷款，政府随时可以干涉他们的经营。

艾柯卡在全国记者俱乐部发表了提前还清贷款的声明。那是1983年7月13日，真是非常奇怪的巧合，正是5年前的这一天，亨利·福特宣布开除了他!

艾柯卡说："我们在过去3年中的含辛茹苦，使得今天这个日子更加有意义。克莱斯勒公司用老办法借钱，今天我们还清了。"

他开玩笑说："政府借钱给民间企业的经验很多，但是收回借款的经验恐怕很少。我希望事先派一个医生跟我们一块去，免得在我们交出这么一大笔钱的支票时有人昏倒。"

艾柯卡在纽约举行的一次隆重仪式中，把他生平唯一一次看到的面值高达8亿多美元的支票，交到跟他们往来的银行代表手里。他也收到了一筐苹果，作为对他以前烦恼的报偿。因为在国会听证会期间，纽约市长曾经以一筐苹果跟艾柯卡打赌，说纽约市会比克莱斯勒公司提前还清政府债务。但是当克莱斯勒与政府的账一笔结清时，纽约市还欠着10亿多美元呢！

如今克莱斯勒终于脱离险境，艾柯卡说要“考虑一些好玩的产品了”。

他很怀念敞篷跑车，这种车10年前底特律就不再生产了。美国唯一自己产的敞篷车卡迪拉克的埃尔多拉多，到1976年也停产了。1971年，克莱斯勒公司生产了最后一批巴拉库达型敞篷跑车。

艾柯卡决定重新推出敞篷车。作为一种试验，他把公司的“男爵牌”汽车改装成敞篷车。整个夏季，他都开着这辆车，就跟童话故事里带走小孩的那个吹笛手一样，他总是到处遇到人要他在路边停车，像警察一样一把将他从车里拉出来，迫不及待地问他：“你开的是什么车？哪家公司造的？哪里可以买到？”

当他们认出艾柯卡这张经常在电视广告里露面的脸孔时，当场要求订购一辆这样的车。

有一天艾柯卡开车到邻近的购物中心，一大堆人围住了他和车子，那辆车引起了巨大骚动。

他们决定不再做市场调查工作了，先生产这种车，即使不可能盈利，也是个出风头、做宣传的好方式。何况运气好一点的话，还至少可以做到收支平衡呢？

克莱斯勒要生产敞篷车的消息一发表，订购者蜂拥而至。其中之一是被称为“漂亮的宝贝”的著名女明星布鲁克·希尔兹。于是，艾柯卡决定把第一辆车卖给她，作为促进销路的一个有力手段。

艾柯卡他们已经预料到，这种车的销路会很好，估计当年可卖出3000辆。结果第一年共卖出23000辆，大大超出了他们的预料。

不久以后，通用汽车公司和福特汽车公司也跟风推出了他们的敞篷车。也就是说，克莱斯勒终于不用跟在人家屁股后面跑了。

推出敞篷车主要是一种噱头，也是为了宣传。但是1984年推出的新产品就不光是噱头而且是大赚钱的了，那就是 T－115 微型客车。

微型客车是一种全新的产品，是迎合顾客的需要而设计出来的。它比传统的旅行车大，比普通客车又小，车内可坐 8 个人，前轮驱动，每加仑汽油可跑 48 千米路程，最大的优点之一是可以停放在普通车库里。

每当艾柯卡到国内各大学里去讲演时，总有人会问他，在面临持久危机的情况下，他们怎么会这样快地推出微型客车这种受欢迎的产品。

“作为一个生意人，你怎么会在濒临破产的境地里还会押了 7 亿美元来生产微型客车呢?”

他开玩笑地回答：“我浑身是债，破罐破摔，朋友那里周转的 7 亿美元算得了什么!”

他知道，不能坐吃山空。公司情况好转了，但你没有新产品供应市场，一切努力将变得没有意义。

事实上，生产微型客车的设想艾柯卡在福特公司时就产生了，只是未付诸实践罢了。第一次能源危机后不久，哈尔·斯普里奇和他正在研究菲埃斯特车，他设计了一种微型麦克斯车，这种车由前轮驱动，外表看上去小巧玲珑但里面有宽敞的空间。因为造出一部原型车，大家都喜欢上了它。

然后他们花了 50 万美元搞些研究。在研究过程中他们发现三点情况：第一，上车的踏板要尽量低些，以适合妇女，当时大多妇女穿裙子；第二，车子要造矮一点，以便普通车房可停放；第三，车头要像鼻子一样突出以容纳发动机，并可在发生事故时有一两米的撞击空间。

研究报告指出，如果他们解决了上列问题，可望每年在市场发放 80 万辆，那还是在 1974 年的市场情况下！当时，艾柯卡很快拿着报告去请示他们的“国王”。

“算了吧，”亨利说，“我不喜欢搞什么试验！”

“不搞试验？”艾柯卡说，“‘野马牌’就是试验出来的，马克三型也是试验出来的。这种车的试验将会是另一次成功。”

在艾柯卡的字典里，如果你不是第一，你就得锐意创新。既然你是福特公司的，你就得去击败通用公司。你得在他们没有想到以前就抢先占领市场。你不能和他们同步走，他们实在太强大了，你得采取迂回战术来打败他们。

但是亨利根本不买账。因此，艾柯卡在福特公司没有搞成的微型客车，1984 年终于在克莱斯勒生产出来了。他们抢来了原属于福特公司的顾客。有意思的是，福特公司和通用公司在这之后也都竞相推出他们自己的微型客车。在艾柯卡看来，这是对他最大的恭维。

在微型客车出厂前，《鉴赏家》杂志就把它选为设计最美的车辆。《幸福》杂志称它为一年中“十大最具创意的产品”之一。许多汽车杂志也都在它上市前几个月就作了封面专题文章介绍。

自 1964 年推出“野马牌”汽车以来，艾柯卡从没有像对这次新产品那样兴奋过，并且对它的成功充满了信心。

第一次在试车场开微型客车的情景令人难忘。人们简直无法把他从驾驶室里请出来，他开着车不断地在场上转，陶醉在工程师完善的设计而产生的舒适效果中，他觉得驾驶这种车实在是一种乐趣。他像孩子一样爱不释手地开着，此时他心里漾满了快乐和幸福。

挚爱的妻子病逝

在克莱斯勒起死回生的悲喜交加中，在艾柯卡事业梅开二度之时，他个人发生了一件一生中最悲痛的事。

在他早年为福特公司工作、后来转到克莱斯勒的事业生涯里，他的妻子玛丽一直是他忠实的崇拜者和支持者。不管受到什么打击，她一直默默无悔地守在艾柯卡的身边。

玛丽患有糖尿病，这种病常常出现其他并发症。他们的两个女儿都是剖腹产生的，玛丽还流产了3次。

糖尿病患者最怕紧张和压力，而艾柯卡选择了如此的人生道路，玛丽怎能避免紧张和压力呢！

1978年艾柯卡被亨利·福特开除时，玛丽第一次心脏病发作。她早就身体不好，这件事对她精神上的打击实在太大。

她第二次心脏病发作是在佛罗里达，那是1980年，当时艾柯卡正在华盛顿同国会议员们周旋。卡特总统已签署了提供克莱斯勒贷款保证法案，艾柯卡他们正在热烈庆祝。宴会吃到一半时，他接到佛罗里达州来的长途电话，说玛丽心脏病复发。

两年后的1982年春天，玛丽中风了。她每次发病，都是艾柯卡在福特公司或克莱斯勒公司遇到巨大压力之时，无一例外。

任何糖尿病患者或者同他们共同生活的人都知道这种病的症状。玛丽非常脆弱，她的胰脏只能偶尔起作用。虽然她的饮食控制得很好，但每天还是需注射两次胰岛素。这种病在半夜发作，更是常有的事。她的身体开始僵硬，全身冒冷汗，经常得请医生赶来急救，或是将她送进医院。

由于工作上的需要，艾柯卡经常得出差在外，于是他一天总要打两三个电话给她。日子长了，从她的声音里就可以听出她胰岛素的高低来。晚上艾柯卡不在家时，总得安排人陪她，因为她总有休克或昏迷的危险。

艾柯卡两个女儿的孝敬永远值得一提。她们不仅接受了母亲生病这一事实而且处处能满足她的要求，如同一对小天使。

1983 年春天，玛丽病危，她的疲惫的心脏已经衰竭，5 月 15 日终于停止了跳动，享年 57 岁。

艾柯卡说："即使在逝世前，她仍然很美丽。"

让艾柯卡终身遗憾的是，如果她再坚持两个月，就能亲眼看到克莱斯勒公司全部付清贷款，那她该是何等的欣慰。不过，她有坚定的信念，相信克莱斯勒公司会成功。

她在临死前还对艾柯卡微笑着说："现在的汽车确实更好了，不像你几年前开回来的一堆废铁那样了。"

她在去世前的几年日子很艰难。她始终不理解，艾柯卡为什么能容忍亨利·福特。1975 年的情况调查后，她要求艾柯卡把真相公之于众。她要艾柯卡必要时去告亨利。尽管她不愿他继续留在福特公司，但她尊重艾柯卡的决定，继续支持他的工作。

艾柯卡在福特公司工作的最后两年，想方设法尽量不让玛丽和两个女儿因为公司的事而受到影响。当艾柯卡被亨利解雇时，他为她们而难过的程度超过了自己。毕竟，她们并不了解事情已经糟糕到了何种程度。

自从艾柯卡被亨利·福特革职后，玛丽成了他力量的源泉。她知道艾柯卡还想在汽车行业里干，如果他愿意的话，她鼓励他接下克莱斯勒的烂摊子。

她说："上帝会最圆满地安排每一件事的。你被福特开除一事说不定是最好的安排呢！"

但是艾柯卡到克莱斯勒才几个月，社会环境又发生了巨大变化。汽油是车业的血液，利率则是氧气。

1979 年伊朗政变导致石油危机和利率节节上升的危机接踵而来。要是这两件事早一年发生的话，他是绝不会接受克莱斯勒公司的差事的。

玛丽曾劝艾柯卡辞职。她说："我爱你，也深知你只要立下志愿，没有办不成的事。但是这座山实在太陡峭，做不到的事不去做并不失体面。"

艾柯卡对她说："我知道。不过我相信情况一定会好起来的。"他根本没有想到在找到转机以前情况会那么糟。

玛丽和艾柯卡一样，为他被解雇后老朋友们的疏远而感到难过。但她自己却一如既往。她是个直率而有勇气的人，始终不变。即使艾柯卡离开了福特公司，她照样参加福特公司的年会。

她说："我为什么不去？我已经参加好多年了。请不要忘记，我们是福特家族外的最大股东呢！"

每当情况危急时，玛丽表现得最坚强。碰到惊涛骇浪，总是由她来掌舵。

记得有一次，他们俩去看好朋友比尔·温，比尔突然心脏病发作，艾柯卡急得手足无措，而她已经把消防队员叫来拿着人工呼吸器来帮忙了，旁边还站着一个心脏外科医生，手里拿着导管准备急救呢！

有一次有位好朋友打电话说她头痛，玛丽立即赶到她家，发现她已昏倒在地。玛丽叫上救护车把她送到医院，并一直镇静地守在那里等医生给这位朋友做脑外科手术。

没有什么事情吓得了她。女儿 10 岁时自行车闸失灵，摔出去很远，头撞在地上。多年前艾柯卡的医生曾告诉他，要确定一个人是否脑震荡只要看他的瞳孔是否放大变黑。

艾柯卡一看女儿的瞳孔既大又黑，差点晕了过去。可是玛丽一把抱起女儿赶快送急诊，在医院病床上抱了她半小时，回家后又在半小时内烧了艾柯卡最爱喝的汤安慰他，让他上床休息。即使在巨大压力面前，她仍举止高雅，不慌不忙。

玛丽深深关心糖尿病的研究工作。她自愿为其他糖尿病病人服务。她以极大的勇气正视自己的病情，并镇定地对待死亡。她常说："你们觉得我情况严重吗？你们应该看看医院里的其他病人，他们更严重。"

她深信，应该教育人们多了解糖尿病。他们一起在波士顿的糖尿病研究中心设立玛丽·艾柯卡研究奖金。玛丽认为，糖尿病是全国第三大死亡原因，仅次于心脏病和癌症。但由于死亡证明书上很少用"糖尿病"这个病因，一般人认识不到其严重性。她去世后，艾柯卡坚持在病亡证明书上写上实际的死因：糖尿病引起的并发症。

艾柯卡和玛丽曾经有过许多美好的时光。玛丽从未参与和干扰艾柯卡的工作。她也不跟别人比时髦，对她来说，家庭是一切。作为公司上层领导人的妻子应尽的责任和义务，她都以微笑尽到了。她同艾柯卡的价值观是一致的，就是家庭和健康。

那些年，无论多忙，艾柯卡都尽可能在晚上和周末跟玛丽和孩子们一起度过。他们俩一同旅行过许多地方，她最喜欢夏威夷这个被称为"太平洋的天堂"的地方。他们一家 4 口人也常常开车出去玩。特别是孩子较小的时候，他们一家人尤为亲密。

艾柯卡觉得很幸运，因为自己这辈子 2/7 的时间都献给了玛丽和两个女儿。

艾柯卡常说，你不能把一个企业变成一个劳动集中营。辛勤工作固然需要，但还得腾出时间来休息和放松，去看看你的孩子在学校游艺活动或游泳比赛中的表现如何。假如你不趁着孩子还小的时候赶快去做，以后想补救都来不及了。

在玛丽逝世前两周的一个晚上，她打电话到多伦多对艾柯卡说，她为他而感到光荣，那时克莱斯勒公司刚刚宣布第一季略有盈余。但是在她病重的最后最困难的几年里，艾柯卡一直想说，在那些困难的岁月里，他是多么为她感到骄傲。

玛丽始终支持艾柯卡的奋斗，并分担他的痛苦，她也把自己的一切都给了两个女儿。

艾柯卡说："是的，我的事业是成功的。但是，这与我的家庭比起来，又算得了什么呢！"

用心做事的人

只要我们努力，我相信我们会成功地重整旗鼓，振兴美国。

——艾柯卡

主张使用安全带

艾柯卡作为一个国际型汽车企业的最高领导人，他意识到随着社会汽车拥有量的增加，安全问题会越来越突出。这就是他为什么总是利用一切可能的场合解释为什么安全带是在美国减少车祸死亡率的关键。

多年来，艾柯卡一直在提倡一种不受欢迎的提案，即强迫驾驶员使用安全带。

艾柯卡参与系安全带运动差不多已有30年的历史。早在1955年，当他还在福特公司经销部工作的时候，他们就决定在新推出的1956年型号的汽车里增加安全带装置。

用今天的眼光看，当时安装的安全设备是很简单，但已不失为革命性的创举。除了安全带以外，还包括安全门、挡阳板、深碟式方向盘以及仪表板防震处理。他们在1956年的新车广告里，一直强调福特车是安全车。

艾柯卡1956年一到底特律，依旧很关心安全问题。人们总是对他说“安全不能卖钱”，似乎他在为提供不安全的车找借口。不过，经验教训告诉他，强调安全从销售的角度来看，是个很弱的环节，这就是他为什么一定要争取政府支持的原因。

在当时看来，提倡汽车安全在汽车城底特律是件不同凡响的创举。正因为如此，通用汽车公司的一些高级官员打电话给亨利·福特，明确地要求他停止搞这些玩意儿。

在他们看来，福特公司鼓吹的安全运动对整个汽车业不利，那会使人想起一个脆弱的甚至死亡的形象来。这样，对汽车销售十分不利。当时任福特公司总经理的麦克纳马拉，与这些人持有不同的价值观，他决定开展使用安全带运动。为此，他付出了巨大代价，差点丢了官。

1956年福特公司首次在汽车配件中增加安全带一项时，只有2%的客户预订。98%客户的无动于衷使他们赔了不少钱。正当他们推行安全运动之际，福特公司最大的竞争对手雪佛莱却推出了时髦的8缸高马力的车。那年福特公司被打得很惨。

反对强制使用安全带的理由各种各样，但这件事跟其他许多事一样，主要是思想观念上的不一致。有人就是反对这个主意，很多人以为这是政府干涉民权的另一实例。

里根执政期间，这种观念尤为强烈。不幸的是，他们那种对经济事务所采取的老式的、自由竞争的态度也可以延伸到交通安全方面。

每次艾柯卡发表支持强制使用安全带的观点时，总要收到大批来信，人们反对他，抱怨他干涉他们的权利。他们认为，只要自己愿意，有权开车出车祸而死去。

很多人认为，劝告别人注意安全不是美国人的生活方式，也就是说，他们宁肯让上千的人去死、上万的人受伤。在艾柯卡看来，这些人还生活在19世纪。

艾柯卡反问这些人，难道不是有了行车执照才能开车吗？遇到红灯难道可以不停车？在有些州，不是规定骑摩托车必须戴安全帽吗？难道这些都能说成是政府过分的干涉吗？在文明社会中要不要应有的制约？

北卡罗来纳大学曾经作过一项极有名的意外交通事故调查结果。那项调查表明，使用安全带可以减少重伤50%，减少致命伤75%。在1960年年末，瑞典一项研究报告中说，经调查29000起使用安全带并发生车祸的案例，竟发现没有一人死亡。

根据全国公路交通安全局估计，如果每个驾驶员都使用安全带的话，全国一天的车祸死亡率至少可降低50%。

人们总是对他说，强制使用安全带是个无法实现的梦想。但是他不认为大多数人真的反对使用安全带，其实他们只是懒得用它就是了。调查表明，消费者并不反对使用安全带的主张，只是大多数人觉得它不方便，太麻烦，挺讨厌。

有人抱怨安全带的颜色同车内装潢的色调不配。他永远忘不了有封信上居然这么说："安全带很占地方，而且坐上去也很不舒服。"

还有一个反对使用安全带的理由是：一旦出事后车内起火，系安全带反而影响迅速逃出去。这种可能性不是没有，但实际上在致命性的交通事故中因起火逃不出去的事是极少遇到的。

另外一种反对安全带的理由是，撞车后你很可能被甩出车外，又不是困在车内。这种可能性也是有的，但毕竟偶尔才发生这样的意外。事实上，如果你被抛出车外丧命的可能性大大超过留在车内。

当然还有一些人认为，系安全带只在高速公路上有必要。但是许多人不清楚，在所有事故中，80%发生在市区，时速都是在40千米以下。

当初，飞机上也不是要求所有乘客都必须系安全带的。大概是1930年前后，才通过一项法案，规定所有民航飞机上的乘客都得系安全带。

今天，商业性飞机比过去任何时候都更先进、更安全了，但法律仍然强制地规定，飞机在起飞和着陆时，每个乘客必须系好安全带。可见，安全带在地面上比在空中更有用。如果你坐飞机违反规定，不肯系安全带，那么机组人员有权把你轰出去，不让你坐飞机。

汽车里装安全带，起初只是为了赛车用。当1956年福特和克莱斯勒公司同时在新型号汽车里增加这项设备时，很少有人问津。短短的8年后，也就是到1964年，虽然强制使用安全带仍未提上日程，但安全带已成为所有汽车的标准设备之一。

艾柯卡说："尽管当年的安全运动失败了，但我仍为自己感到骄傲，因为我是提倡安全运动的先驱之一，我要为此继续奋斗下去。"

1972 年，身为福特汽车公司的总经理，艾柯卡亲自给 50 个州的州长写信，告诉他们福特公司拥护强制使用安全带的政策，并且呼吁州长们支持这一救命措施。

但直至 12 年后，当他着手那后来连续两年成为畅销书的回忆录时，美国还没有一个州通过这项法案。他继续在各种场合积极呼吁此事，他相信最终人们会觉醒的，只是所需时间会长一点而已。

不出艾柯卡所料，在 20 多年后的美国，各个州均为使用安全带而立法。各州都要求驾驶人和副驾驶座上的乘客系安全带，其中很多州更为严格，要求普通轿车的所有乘客都要系安全带，否则被发现就要受处罚。

关心国家的发展

几年前克莱斯勒公司差一点关闭，使艾柯卡比别人早几年就开始担忧财政赤字问题。那时克莱斯勒几乎被高利率害死。

因此早在1982年夏天，艾柯卡就在《新闻周刊》上发表一篇文章，建议国家财政赤字减少一半。那时候，国家财政赤字只有1200亿美元。艾柯卡建议减少300亿美元的政府支出，增加300亿美元的税收。

在挽救克莱斯勒公司的亲身体验中，艾柯卡深深懂得那次的成功完全靠管理阶层、工人、银行界、供应商和政府间的共同合作。因此他心里想：为什么克莱斯勒公司“有难同当、机会均等”的原则不能用到解决国家财政赤字问题上来呢？

艾柯卡的计划很简单。首先，每年削减5%的国防预算。那样就可以节省150亿美元，而且不会影响到任何军火项目。

然后，他召集民主党人士宣布：“诸位先生们，我们已经削减了150亿美元国防开支，有难同当，请你们也从实行了40年的社会福利计划里减去150亿美元吧！”

艾柯卡认为，一旦削减300亿美元的政府开支，那么在税收方面也得跟上。首先，应该增加150亿美元的进口石油附加税，使石油输出国组织把油价稳定在每桶34美元左右。然后再征收15%的汽油使用税，这样又可以弄到150亿美元。

他说，即使加上这些新税，除了阿拉伯产油国以外，美国的油价在世界上还是最便宜的。这样做的结果，除了增加政府收益外，还可以形成美国的能源政策，今后石油输出国组织再出现什么危机，美国就能够应付了。

“加起来，”艾柯卡说，“这 4 个 150 亿美元一年就将使国家财政赤字减少 600 亿。这个方案的好处在于，不管你是民主党人还是共和党人，不管你是劳方还是资方，大家共同分摊。”

当艾柯卡草拟这个计划时，曾征求过所有他认识的华尔街大老板的意见：“要是总统在电视上宣布，政府将削减一半财政赤字，下面会有什么反响？”

他们一致认为，这个宣布将会带来全国历史上最大的投资风潮。它将重新树立一个国家的信誉。它将证明我们明白自己的所作所为。

不用说，美国政府并没有这样做，但并不是没有人响应。成千上万的《新闻周刊》读者给艾柯卡写信，拥护他的建议。艾柯卡甚至接到白宫一个电话，约他进白宫见总统。

艾柯卡走进白宫时，里根总统手里拿着那一期的《新闻周刊》接待了他。总统说：“李，我很欣赏你在上面写的，我也担心赤字太庞大。但是我的民意测验专家理查德·沃黑林告诉我，征收石油税的做法是最不得人心的，我不能这样做。”

“嗯，请等一下。”艾柯卡当时心里想，“难道治理一个国家就靠民意测验？更何况你们那种范围的民意测验能反映出主要的趋势吗？”

总统后来又谈到国防预算问题。他对艾柯卡说：“我们在卡特执政时期国防预算太少了。为了国家安全，我们不得不增加开支。你不了解全局情况。”

“那倒是真的，”艾柯卡回答，“我一点也不了解。但是，现在的国防开支已超过 3000 亿美元。我是个商人，信不信由你，我可以在任何一笔生意中变动 5% 而别人根本觉察不出来，而且我一直是这么做的！”

与总统的谈话当然是作用不大，也许里根只是应付一下舆论而已。在 1982 年夏天并未减少赤字。两年后，赤字已超过 2000 亿美元，而且对这庞大的赤字依然束手无策。

不幸的是，赤字只不过是当时美国经济衰退的冰山一角而已。艾柯卡对美国经济在世界上的地位不断减弱忧心忡忡，但那不是他一个企业家能解决的，哪怕是这样一个被看作美国英雄的人物。

艾柯卡还对美国弥漫着严重的投机气息和不合理的产业政策和财政政策进行了抨击。他说："美国完全忽略了强大经济实力的真正来源，现在已经从原来一个重视生产投资和消费投资的国家，蜕变成一个迷恋票据投资的国家。"

他说："于是一些最大的公司花大量钞票去购买其他公司的股票。这些资本都到哪里去了？造新工厂了？买新的生产设备了？搞技术革新了？有一些，但不很多。大部分钱都到了银行或其他金融机构，然后转借给外国了。"

他说："而今，美国最大的工业是汽车、钢铁、电子、飞机和纺织。如果我们想维持千百万个职业，我们就必须保住这些工业。这些工业是服务行业和高科技行业的市场，它们对我国的国家利益是至关重要的。倘若没有强大的钢铁工业、机器制造业和汽车工业，何以维持国防系统的脊梁？没有一个强大的工业基础，那么我们就得吻别国防安全了。"

艾柯卡与某些谈论产业政策的人不同，他不主张政府来决定胜负，决定哪些该办、哪些该停。越来越多的事实证明，政府来决定这些并不明智。

对于政府投资，艾柯卡指出，联邦储备银行行长保罗·沃尔克又给墨西哥10亿美元以帮助过去借款给墨西哥的那些美国大银行。这位银行行长一夜之间就把钱贷出去了，没有经过国会听证会。但是一个真正的美国公司克莱斯勒想要借12亿美元以便挽救行将破产的局面，却在国会里被困几个星期。

对于产业计划，艾柯卡说，既然我们的军事和农业都能有各自的产业计划，为什么工业就没有一套产业计划呢？

艾柯卡还提出了6点建议，作为制订新产业计划的基础。

“我们会成功吗？”在艾柯卡提出这些建议后有人问他。他说：“为伟大的目标而奋斗，即使失败也是光荣的，所以我们必须努力。只要我们努力，我相信我们会成功地重整旗鼓，振兴美国。”

艾柯卡说：“美国是个拥有富饶国土和人才济济的国家。只要有一个正确的方向、坚定的领导和全体美国人民的支持，我深信，我们这个国家将再次成为希望和自由的象征！”

当了四年志愿者

当1982年上半年里根总统请艾柯卡出任埃利斯岛自由女神像百年纪念委员会主席时，他正在为克莱斯勒公司的生产和债务忙得四脚朝天。虽然这个主席职位只是个主要负责筹款的志愿者身份，但他还是欣然地接受了。艾柯卡没想到这一干就是4年。

许多人问他："你为什么要干这个差事？你的工作还少吗？"

艾柯卡说，当这个纪念委员会主席完全是出于对他父母的爱。因为在很小时，他的父母就常常对他谈起埃利斯岛，还领他来过几次。

他们当时移民到美国时，就是从那里踏上这片陌生的土地的。那时他们很穷，既不懂英语，也不知道该找点什么工作，而现在他的全家都生活得很幸福，并完全融入到这个国度里。埃利斯岛对艾柯卡和他的父母来说，已经成为他们人生经历中不可分割的一部分。

艾柯卡参加了当年他父母多次提到的那尊雕像的修复，也参加了纪念活动，他能体验到作为移民所体验到的那种感受。事实上，在他参与了与此有关的一些活动后，发觉差不多每一个移民到美国的人都有同样的心情和感受。

埃利斯岛，这个纽约市曼哈顿区西南上纽约湾中的小岛，作为1892年至1943年间美国的主要移民检查站，曾经从这里踏上美国国土的人有1700万之多，他们繁衍生息，至今已经有了上亿人，这差不多是美国人口的一半，他们的根都在埃利斯岛。

辛勤工作，获得幸福的生活，为自由和正义而奋斗……这些都是自由女神和埃利斯岛所象征的意义。

艾柯卡有了一个成功的生涯，是美国这个国家给了他成功的机会。而正是靠所有人的勤奋有效的工作，也才使这个国家变得强大。艾柯卡紧紧抓住了机会，不是靠侥幸取胜，而是整整奋斗了 40 个寒暑。

正如艾柯卡所说：“自由只是一张入场券，如果你想生存下去并获得成功，你必须还要付出代价。”

刚开始筹款时，艾柯卡只有一张捐赠的桌子和一把椅子。然而，他很快发现，一切都是那么顺利。

一天上午，一位先生走进艾柯卡的办公室，对他说：“艾柯卡先生，我到这儿来，是为了给你一张支票。”

艾柯卡接过来，发现支票上竟然是 100 万美元。

“我可以把这张支票给你，但有个条件，你不能把我的名字透露出去。”

这个人的经历与艾柯卡差不多，他小时候跟母亲一同来到美国，后来发了财，他想报答一下这个国家，也以此来纪念他的母亲。

新泽西州一位老太太，寄来了 1000 美元。

艾柯卡亲自给她写了一封感谢信，并很快寄给了她。

不久，这位老人又寄来一张5万美元的支票。艾柯卡给她打了电话，对她表示感谢。老人很高兴："你真好，艾柯卡先生，感谢你们所做的一切。"后来她又分别寄来了3张支票，一张是25000美元，一张是50000美元，另一张是75000美元。

艾柯卡还收到一位80多岁老人寄来的10000美元的支票，在信中，这位老人说，他没有别的要求，就想免费得到一本艾柯卡先生的自传，因为在图书馆要两个月才能拿到。

还有学校里的孩子们，他们把零用钱都寄了来。有一个孩子寄来一块钱，他在信里写道：

亲爱的艾柯卡先生：

这是我这星期的零用钱，请把钱用到正地方。

在艾柯卡当了4年志愿者的时间里，一共筹集到了3.05亿美元，比预定的多出了7500万美元。

1986年7月3日，自由女神像修复庆典终于召开了。那天，主持庆祝会的艾柯卡把话筒交给里根总统时，心潮澎湃。里根总统简单地讲了几句话后，转过身，凝视着纽约港口，按下了发射激光的按钮，光束一下子照亮了自由女神像，欢呼声骤起……

里根总统按下另一个按钮，自由女神的火炬重新燃烧起来，同时，在一个100人组成的交响乐队演奏的音乐声中，500人组成的合唱团唱起了《美丽的亚美利加》。

瞬间，无数的焰火腾空而起，在港口上空爆出美丽的花朵。艾柯卡又一次想到了爸爸尼古拉。爸爸走过自由女神像时，他刚12岁，现在自己已经60岁了。大女儿过几天就要结婚了，美国的另外一代人，即将诞生。

艾柯卡是带着母亲来参加庆祝活动的。她的身体还很硬朗，在游艇上，跑来跑去。她太高兴了，如果艾柯卡的父亲还活着，也会和她一样。

艾柯卡跟在母亲身后，陪着她东看看西转转，累得气喘吁吁。但他不在乎，他希望看到她总是这么高兴。

“那是什么?”

“噢，妈妈，那是……”

“那么这个呢?”

母亲就像个孩子，问来问去。艾柯卡不厌其烦地向她解说。还有什么比和自己的亲人在一起，共享天伦之乐更重要呢？在他的父亲尼古拉在世时，艾柯卡都会和爸爸妈妈一起吃饭，或者共度节日，有时还会和他们一起去旅行。

父亲去世后，艾柯卡更加珍惜和母亲在一起的日子。虽然母亲的身体很健康，但艾柯卡觉得和母亲在一起的每一分每一秒都是那么珍贵。艾柯卡感到，爸爸和玛丽都已经去世了，对其他人的爱更要及时。

经常会有人问艾柯卡：“你这辉煌的成就是怎么获得的?”

艾柯卡这时总是想起父母的教诲，那就是靠自己奋斗，尽量争取受教育的机会，然后去干一番事业。不要只是站在那里不动，要干出点事来。虽然不是轻而易举，但只要你锲而不舍，努力奋斗，便会惊异地发现，在一个自由的社会里，只要你想得到，就一定能办得到。

当生活无着时，艾柯卡的母亲曾经到丝厂做临时工，很辛苦，也经常受到欺辱，但她认为那样做很值得，因为可以为艾柯卡赚点钱供他上学吃午饭用。当艾柯卡遇到困难时也和他母亲一样，从来都是勇敢面对，因为他认为那样做很值得!

退而不休的老人

1992年，艾柯卡从克莱斯勒退休，但却始终闲不下來，他做过电动自行车，也和通用汽车合伙开发过社区电动车，甚至投资过一家加州炸鸡连锁店。“有事就做，我从不规划如何退休。”他说。

他还投入大量资金与心血，成立艾柯卡基金会，赞助糖尿病新药的研究开发。20年前，他的结发爱妻玛丽因糖尿病去世，“我的时间已经不多了，但我一定要找出治好糖尿病的药。”

他渐渐淡出了公众视野，专心致志干他想干的事，并享受天伦之乐。但在退休15年后，那个直率敢说的艾柯卡又回来了。

2007年5月14日，戴姆勒与克莱斯勒9年的联姻，在投资银行家们喧嚣的报价声中走到了尽头。

全球汽车业最受瞩目的超级联姻，最后还是被拆散，克莱斯勒落到卖给私募基金的下场，大家都想听听这个曾经让克莱斯勒起死回生的艾柯卡怎么说。戴姆勒与克莱斯勒分手的消息公布当天，艾柯卡洛杉矶家里的电话铃声就响个不停。

“是戴姆勒搞砸了克莱斯勒！”对克莱斯勒，艾柯卡大炮一开口，果然直奔靶心。

他应邀为《商业周刊》写稿，毫不客气地猛批这种他从一开始就不看好的跨国合并。他说，1998年两公司合并时，克莱斯勒是全世界最赚钱、生产成本最低的汽车公司之一，状况非常好。结果，“不到10年，戴姆勒就把克莱斯勒推下了悬崖。”

艾柯卡再度成为媒体极度关注的人物。朋友都劝他，讲话、下笔不要太冲动，他大声说：“我都82岁了，怕什么?!”

一直笔耕不辍的艾柯卡在6月27日出版了他的第三本新书《领导人都到哪里去了》。书中火力全开，猛批美国的领导危机。

“我不是故意贬低谁，而是想要放一把火；我直言不讳，是因为我还抱有希望。”艾柯卡痛恨袖手旁观，他号召读者“把领导人找回来”。

这本书的出版刚好让艾柯卡赶上评论戴姆勒与克莱斯勒的分手热潮，也让他除了痛批布什，还能逐一评论那些总统大选候选人。

艾柯卡强调，这是个迫切需要领导的时代。美国人必须清楚地认识他们的候选人，踊跃投票，选出具有素质的未来领导人，即他们要具备好奇心、创新、沟通力、品格、勇气、使命和信念、魅力、能力及常识等素质。

他还指出参加2008年大选的领导人最重要的4种素质，将是好奇心、沟通力、品格与能力。

“难道只有我受够了吗？我们的愤怒到哪里去了？我们早该发出怒吼了。”《领导人都到哪里去了》开篇，艾柯卡就直入主题，不吐不快。

“一群无能的笨蛋正带领这个国家走向危崖险峰，一堆企业黑帮正在把我们洗劫一空；我们无法在飓风肆虐之后重建家园，就连油电混合车也做不出来。然而，我们不但不生气，竟然还跟着政客一起点头说：‘坚持到底！’坚持到底？开什么玩笑！这里是美国，不是‘泰坦尼克号’！”艾柯卡在书中写道。

从布什政府、国会效率、学校教育、肥胖症到医疗保险，对时局深深不满的艾柯卡，在书中警告美国正在变成一个“人民普遍吃太多、太爱吞药、太爱看电视、太爱听iPod、抢购成瘾，得了注意力缺乏症的国家”。

艾柯卡还提到了能源政策。他坦白认错，他这辈子都在替一个污染环境的产业工作，对于环保问题，确实了解得太晚。

2000年总统大选，他支持布什而不是戈尔，因为他当时认为戈尔大谈全球变暖，有点儿神经过敏。后来，艾柯卡看了戈尔的纪录片《不愿面对的真相》，他半开玩笑地对朋友说：“从来没想过我会花8美元，去看戈尔主演一场电影，但它让我开了眼界。全球变暖的确很严重，以前我一直不相信，直至我离开汽车业多年后才认清真相，变成了相信者。”

艾柯卡认为，面对危机，要靠伟大的领导人。遗憾的是，布什与国会恐怕都不是好榜样。艾柯卡引用了民意调查结果来说明这个问题：75%的美国人认为布什领导方向错误；高达80%的人更认为整个政府，包括国会，都已经完全起不到应有的作用；政客们眼里只有政治利益，谁也不愿意面对真正的难题。

能够号召我们采取行动、问心无愧的领导者在哪里？他问道，真正的领导者总能带领我们向上，激发我们做得更好。如今，伟大的领导人都到哪里去了？

“艾柯卡要美国醒过来吧！”新书的封底写着几个大字。

全书像是一场激昂的咆哮，艾柯卡骂得淋漓尽致，可也让人替老先生的血压捏把汗。不过，毕竟是享誉全球的传奇领袖，他没有忘记告诉读者如何挑选领导人。

领导是什么？“找对人才，组成一个好的团队，订出各种目标的优先顺序。”他说。而领导人也必须经常自问：“谁在追随我？我要带领这些人走向哪里？”

艾柯卡以他80多岁的高龄，仍然在考虑着汽车业乃至国家的前途，这让他的朋友们敬佩不已。他的一位朋友说：“他是美国人心目中的英雄，他的奋斗精神永远激励着我们不断开拓向前。”

附　录

自由只是一张入场券，如果你想生存下去并获得成功，你必须还要付出代价。

——艾柯卡

经典故事

艾柯卡的工作准则

著名管理大师李·艾柯卡，受命于福特汽车公司面临重重危机之时，他大刀阔斧进行改革，使福特汽车公司走出了危机。

但是福特汽车公司董事长亨利·福特却对艾柯卡进行排挤，这使艾柯卡处于一种两难境地。但是，艾柯卡却说："只要我在这里一天，我就有义务忠诚于我的企业，我就应该为我的企业尽心竭力地工作。"

尽管后来艾柯卡离开了福特汽车公司，但他仍很欣慰自己为福特公司所做的一切。

"无论我为哪一家公司服务，忠诚都是我的一大准则。我有义务忠诚于我的企业和员工，到任何时候都是如此。"艾柯卡这样说。正因为如此，艾柯卡不仅以他的管理能力折服了员工，也以自己的人格魅力征服了同行。

艾柯卡的广告策略

1946 年，22 岁的艾柯卡在福特公司当推销员。推销员工作充满了酸甜苦辣。艾柯卡虚心好学，竭尽全力去干，很快学会了推销的本领和技巧，不久，他被提拔为宾夕法尼亚州威尔克斯巴里的地区经理。

销售，是汽车业的关键。艾柯卡从中明白了一个道理：想在汽车这一行获得成功，必须和销售商站在同一立场上。在以后的风风雨雨中，他始终牢记这一点，因此深得销售商的拥戴。

在此期间，艾柯卡受到了一位知名人士的影响，此人是福特公司东海岸经理查利，他也是工程师出身，后来转入推销和市场工作。

有一次，在本地区的13个小区中，艾柯卡的销售情况最糟。他为此情绪低落，查利把手放在他肩上说："为什么垂头丧气？总有人要得最后一名的，何必如此烦恼！"说完他走开了，不过他又回过头来说："但请你听着，可不要连续两个月得最后一名！"

在他的激励下，艾柯卡灵机一动，想出了一个推销汽车的绝妙办法：谁购买一辆1956年型的福特汽车，只要先付20%的货款，其余部分每月付56美元，3年付清。这样，一般消费者都负担得起。艾柯卡把这个办法称为"花56元钱，买'56型福特'车"。

这个诱人的广告，使福特汽车在费城地区的销量像火箭般直线上升，仅仅3个月，就从原来的最后一名，一跃而居全国第一位。福特公司把这种分期付款的推销方法在全国各地推广后，公司的年销量猛增了75000辆。艾柯卡也因此名声大振。

艾柯卡的扔蛋表演

1956年，艾柯卡被提升为费城地区的销售部经理。这个时候福特公司推出了56型新车，公司发给艾柯卡一部介绍该车安全装置的广告影片以放映给汽车商们看，影片的解说词说，这种防震安全垫很有效，如果你从二楼把鸡蛋扔到安全垫上，鸡蛋会从安全垫上弹起来而不会破碎。

艾柯卡为了追求推销工作的戏剧效果，他决定在有110个汽车推销员参加的推销会上搞一次实物表演。他把新型安全垫铺在地面上，然后带着一纸盒鸡蛋爬上高高的梯子，亲自做扔蛋表演。

第一个鸡蛋落下来，落在地板上，碎了，引起一场哄堂大笑。第二个鸡蛋扔下来的时候，替他扶着梯子的助手不巧晃了一下，结果这个鸡蛋掉在了这位助手的肩膀上，又引起了一阵喝倒彩。第三个、第四个鸡蛋虽然落在垫子上，但不幸都碰破了。直至第五个鸡蛋才算成功，博得了观众一片欢呼声。

艾柯卡从扔蛋表演失败当中，窥见了推销的窍门：在推销会上做实物表演必须要做到万无一失，一定要先做好准备，把想讲和想做的事情先演练一遍，这样才有利于产品的推销。

艾柯卡的再次崛起

1978 年 7 月 13 日，在福特工作已 32 年，当了 8 年总经理的艾柯卡被妒火中烧的大老板亨利·福特开除了。

艾柯卡突然间失业了，昨天还是英雄，今天却好像成了传染病患者，人人都远远地避开他，过去公司里的所有朋友都抛弃了他，他遭遇了生命中最大的打击。

艾柯卡痛不欲生，他开始酗酒，对自己失去了信心，认为自己要彻底崩溃了。这时，一位朋友对他说："你要么驾驭失败，要么让失败驾驭你。你的心态是你真正的主人，它将决定谁是坐骑，谁是骑师。"

艾柯卡幡然省悟。重整心态后，他应聘到濒临破产的克莱斯勒汽车公司出任总经理。凭着智慧、胆识和乐观的精神，艾柯卡大刀阔斧地对克莱斯勒进行整顿、改革，并向政府求援，舌战国会议员，取得了巨额贷款，重振企业雄风，并使克莱斯勒一跃成为美国第三大汽车公司。

"艰苦的日子一旦来临，除了做个深呼吸，咬紧牙关，尽己所能外，实在也别无选择。"艾柯卡是这么说的，也是这么做的。

诚信

艾柯卡虽然做的都是一些小生意，但他非常注重自己的商业信誉。

有一次，艾柯卡在给水果店送水果时，看见一位步履蹒跚的老夫人在路边和自己打招呼，艾柯卡便推着自行车走到老夫人身边，问老夫人需要什么。老夫人对艾柯卡说："孩子，我已经走不了太多的路了。我知道你是给水果店送水果的，我想就在这儿买点儿水果。"

"虽然我不是零售水果的，但可以卖给您，夫人。"艾柯卡热情地回答。然后，艾柯卡按照老夫人的要求包装了水果，收了钱，目送老夫人走向回家的路。

当晚，艾柯卡完成了一天的工作，盘点当天的经营账面，结果总是多出两美元，艾柯卡反复核对，最后发现是卖给老夫人的几斤水果多收了两美元。对于自己的粗心大意，艾柯卡非常内疚，他决定次日按原路寻找那位老夫人。

但是，一连几天，艾柯卡都没有等到老夫人的出现。迫不及待的艾柯卡决定走访附近居民，在他的努力下，终于找到了那位老夫人，艾柯卡细心地给老夫人解释了退给她两美元的缘由。老夫人非常感动，并祝福艾柯卡，"上帝会保佑你的！"

就这样，艾柯卡从经商之初，就将诚信作为基石，终于成就大业。

年　谱

1924年10月15日，艾柯卡出生于美国宾夕法尼亚州东部的艾伦敦。

1931年，开始在艾伦敦当地读书。

1941年，考入美国利哈伊大学机械工程系，后转入工业工程系。

1945年，他修完工程学和商业学以及心理学，从利哈伊大学毕业。

1946年8月，来到底特律，以见习工程师身份进入福特公司。

1947年，在福特公司宾夕法尼亚州切斯特销售处做职员。

1949年，任宾夕法尼亚州威尔克斯巴里的地区经理。

1953年，被提升为费城地区销售副经理。

1956年，调到福特公司总部，担任卡车销售部的经理。与玛丽结婚。

1960年3月，担任卡车和小汽车两个销售部的经理。

同年11月，担任福特公司副总裁和福特分部的总经理职务。

1964年4月，纽约世界博览会开幕期间，他主持研发的“野马牌”汽车正式推出。第一年销售41.9万辆，创下了当时全美汽车制造业单一品牌年度销售的最高纪录。

1965年1月，出任公司的轿车和卡车系统副总经理，负责福特部和林肯—默库里部这两个部门的轿车和卡车的计划、生产和销售工作。

1966年9月，推出其主持研发的“伯爵牌”和“美洲豹牌”小轿车。

1970 年 12 月，出任福特汽车公司总裁。

1978 年 7 月，被亨利·福特解雇。同年 11 月出任克莱斯勒公司总经理。

1979 年 9 月，出任濒临破产的克莱斯勒汽车公司总裁，兼任总经理。

1982 年 5 月，义务出任埃利斯岛百年纪念委员会主席，为美国自由女神像修复工作出力。

1983 年 5 月，其夫人玛丽因病去世。

1983 年 8 月，把高达 8 亿多美元的支票交给银行代表手里。至此，帮克莱斯勒公司还清了所有债务。

1984 年，使克莱斯勒公司赢得了 24 亿美元的利润，这比它 60 年利润的总和还要多。同年 10 月，出版自传《反败为胜》，畅销世界。

1986 年 5 月，与较自己年龄小一半的佩吉结婚，次年 11 月两人离婚。

1987 年初，以巨资收购美国汽车公司。

1992 年，从克莱斯勒退休。

2007 年，以 83 岁高龄出书《领导人都到哪里去了》，抨击当时政府及企业领导人缺乏领导力。

名言

● 不创新就死亡。

● 齐心协力可以移山填海。

● 如果你不是第一，你就得锐意创新。

● 一个亲密无间的家庭可以给人以力量。

● 领导人必须倾听部属与亲信以外的声音。

● 使命是一种热情，一种想要达成目标的渴望。

● 品格指的是明辨是非，并且有胆量去做正确的事。

● 如果有人光等待别人为他付出，自己却袖手旁观，那就会一无所有。

● 魅力不是花哨、作秀，而是让人愿意追随你的能力，是激励鼓舞的能力。

● 你必须清楚自己在做什么，更重要的是你身边的人也要知道他们在干什么。

● 艰苦的日子一旦来临，除了做个深呼吸，咬紧牙关，尽其所能外，实在也别无选择。

● 一切企业经营归根到底就是三个词：人才、产品和利润。没有了人才，后两者都无法实现。

● 领导人必须勇于尝试不同的做法，因为领导就是管理变革——不论国家或企业都一样。

● 假如你要表扬一个人，请用书面方式；假如你要使被批评者不至于过分难堪，那么，请用电话。

● 勇气不是大摇大摆，更不是大放狠话。真正的勇气，是承诺你会坐下来，跟大家一起参与谈判。

● 作为企业的领导，最重要的一点就是身先士卒，做出样子。这样，员工的眼睛都看着你，大家都会模仿你。

图书在版编目(CIP)数据

艾柯卡／孙鹏飞编著.—北京：中国社会出版社，2014.8

ISBN 978-7-5087-4754-5

Ⅰ.①艾… Ⅱ.①孙… Ⅲ.①艾柯卡，L.-传记 Ⅳ.①K837.125.38

中国版本图书馆 CIP 数据核字(2014)第 124012 号

书　　名：艾柯卡

编 著 者：孙鹏飞

出 版 人：浦善新

终 审 人：李威海

责任编辑：侯　钰　　　　责任校对：籍红兵

出版发行：中国社会出版社　邮政编码：100032

通联方法：北京市西城区二龙路甲 33 号

编 辑 部：(010)58124865

邮 购 部：(010)58124845

销 售 部：(010)58124848　传真：(010)58124856

网　　址：www.shcbs.com.cn

经　　销：各地新华书店

印刷装订：北京威远印刷有限公司

开　　本：170mm×240mm 1/16

印　　张：13

字　　数：200 千字

版　　次：2015 年 1 月第 1 版

印　　次：2015 年 1 月第 1 次印刷

定　　价：26.00 元